Hans Bender
Erlebnis der Wiederkehr
Ein Lesebuch von Italien

Hans Bender, 1987 auf der Engelsburg
Foto: Hans Georg Schwark

Hans Bender

Erlebnis der Wiederkehr

Ein Lesebuch von Italien

Herausgegeben von Horst Bürger
und Walter Hörner
und mit einem Nachwort von
Hans Georg Schwark

Verlag der Buchhandlung
Klaus Bittner

Unterwegs in Italien scheine ich dem Leben
näher zu sein als zu Haus: In jeder Stadt, wo ich
ankomme, sehe ich oft am selben Tag nacheinander
Taufen, Hochzeiten, Beerdigungen, und alle drei
Zeremonien mit mehr Pomp als daheim.

Straße nach Süden

Die Autos rasen heran – vorbei, kalt wie ihr Metall, zwei, drei Dutzend in der Minute, Autos, nur zum Vergnügen gebaut, silberblitzende Weltraumschiffe, ein starrer Herr ans Lenkrad verschmolzen, eine Dame, nahe zu ihm gerückt, den Arm um seine Schulter gebogen. Automobile mit schiefer Karosserie und verbeulten, mennigrot gefleckten Kotflügeln, vollgestopft mit Mann und Frau und Kindern, die eng nebeneinander durch die Rückscheibe grinsen. Straßenkreuzer der Amerikaner, Schweden und Holländer, geräumige Wohnzimmer, froschgrün, eidottergelb, verschleudern wie zum Hohn eine Woge luxuriöser Radiotanzmusik. Hielte wenigstens ein Lastwagen an! Aber auch sie hasten vorbei, dröhnende Ungetüme auf mannshohen Doppelrädern, mit geblähtem Verdeck und protzenden Firmennamen, einen Sog hinter sich aufreißend, der den Atem verschlägt.

Nun kommen auch noch zwei neue Tramps und vermindern die Chance, mitgenommen zu werden: ein Jüngling mit hochgekrempelten Jeans und ungekämmtem Malerschopf, ein Mädchen hinter sich herziehend, das den karierten Sportbeutel über die Schulter geworfen hat. Grußlos gehen sie an den anderen vorbei: dem Mann mit der Aktentasche, dem Einbeinigen mit der Krücke, den drei Jungen mit Tornister und Gitarre, dem geschminkten Mädchen. Sie gehen vorbei zu dem ihnen zustehenden Platz am weitesten draußen neben der Fahrbahn, auf dem Rasenstreifen hundert Meter hinter dem Studenten, der die Kartontafel «Nach München» hochhält.

Helga stolpert zu Peter hin, wirft den Sportbeutel ins Gras und setzt sich darauf.

«Ein schlechter Platz», sagt Peter. «Die Straße steigt bergan, da hält keiner gern. Am besten, wir gehen auf die Höhe, wo die Straße wieder eben wird.»

«Keine zehn Pferde bringen mich von hier fort», sagt Helga. «Ich bin müde, die flachen Schuhe machen so müde.»

«Habe ich dir nicht gesagt, du sollst deine Lederschuhe mit einpacken?»

«Hauptsache, ich sitze erst mal.»

Die Julisonne schiebt mit ihrer goldenen Wucht die Schatten und Winde fort. Die Kringel der Hitze wabern über dem Asphalt. Wenigstens die Sonne meint es gut mit den Wartenden, die dastehen, miteinander sprechen, zu sich selber sagen:

«Wer wird wohl zuerst mitgenommen?»

«Das Mädchen natürlich!»

«Mädchen haben mehr Glück beim Trampen.»

«Ich nähme den Einbeinigen mit. Eine Schande das!»

«Weißt du was, Heijo, wir schnallen die Gitarren ab und verklimpern uns die Zeit.»

«Ich habe keine Lust, jetzt noch nicht. In Italien werde ich klimpern, dass es nur so rauscht.»

«Wär' ich allein, ich wär' schon über alle Berge.»

«Hoffentlich verjagt uns die Polizei nicht.»

«Wenn das ein Student ist, fresse ich einen Besen.»

Rainer greift in die Saiten und singt:

«Der Sommer glüht, die Lieder schallen,
wir zieh'n hinaus im wilden Saus –»

Helga blinzelt zu Peter hinauf, der die Hand hebt, winkt, sie sinken lässt, wenn das Auto vorbei ist, doch er gibt nicht auf, hebt wieder die Hand, winkt – sie fällt herab – er hebt sie wieder – winkt – winkt – winkt –

Das schönste Auto, das je vorbeigekommen ist, hält an, ein offener, kobaltblauer Sportwagen mit gefaltetem Dach, die Polster erdbeerrot und lederkühl.

Wie schön wirkt darauf ihr gelber Rock, und als er über die Knie hochfliegt, dreht der junge Mann ein wenig den Kopf zu ihr her, lächelt, schaltet in den zweiten, den dritten, den vierten Gang, gibt mehr Gas, und sie muss den Rock mit beiden Händen festhalten, weil ihn der Wind wie ein Segel blähen will.

Dem jungen Mann rührt der Fahrtwind kein Haar. Fest und schwarz umschließt es seinen Römerkopf. Sein Gesicht ist braungebrannt, brauner als die Lederjacke, die er anhat. Die Ärmel sind bis zu den Ellbogen hochgeschoben, damit man die behaarten Arme sieht und die goldene Armbanduhr, die über seinem rechten Gelenk blinkt.

Peter kann sie im Rückspiegel zublinzeln. Sein Haar lässt der Wind waagrecht nach hinten flattern, und in die Stirn und ins Gesicht weht es ihm, doch er lacht ihr zu, weil sie nun davonfahren, schneller und schöner, als sie's erwarten konnten, und vielleicht auch, weil die anderen immer noch warten müssen: der Student mit der Tafel nach München, das geschminkte Mädchen, die singenden Jungen, der Mann mit der Aktentasche und der Einbeinige mit der Krücke.

Der junge Mann dreht wieder den Kopf herüber und fragt mit trockener Stimme: «Wohin darf ich Sie mit Ihrem sympathischen Freund bringen?»

Wohin? Er fragt: Wohin? Und sie wissen es gar nicht. Sie dürfen es sich sogar wünschen, und sie sind gar nicht darauf vorbereitet, ein Ziel zu wünschen.

«Wohin?» ruft sie zu Peter zurück.

«Nach Süden!»

«Ja, Süden», wiederholt sie. «Wo es schön ist! Wo die Sonne scheint! Wo es ist wie im Paradies!»

«Nach *Italien*», sagt der junge Mann und lacht, dass man seine weißen Zähne sieht.

«Nach Italien!»

«Italien!» ruft Peter im Fond.

«Ewige Sonne, blauer Himmel, blaues Meer, goldgelber Sand!»

Auch der Sportwagen scheint zu wissen, dass er nach Italien zieht. Er nimmt die Steigungen, als ebnen sie sich wie Daunen unter seinen Gummireifen.

Der junge Mann drückt auf einen der vielen Knöpfe am Armaturenbrett, da tönt auch schon Musik aus dem Lautsprecher, und ein Italiano singt im hohen Tenor, der am Schluss der Zeilen, wenn er amore zu singen hat, umschlägt in ein schluchzendes Falsett.

«Amore», singt Helga mit.

«Amore», singt ihr Peter im Rückspiegel zu.

«*Amore*», singt der junge Mann, dreht den Kopf zu ihr und lächelt, wie nur er lächeln kann.

«Werden wir die Alpen sehen?» fragt Helga. «Die grünen Matten, die Sennhütten und die Kühe mit den Bronzeglocken vor der Brust?»

«Die Alpen – sind längst überwunden», sagt der junge Mann.

«Es geht zu schnell, viel zu schnell», seufzt Helga. «Ich will die Fahrt doch genießen.»

«Wir genießen sie –», sagt der junge Mann. Er lehnt sich ins Polster zurück und steuert nur mit einer Hand, mit der linken, und die rechte legt er ihr auf das Knie. Peter hat jetzt die Augen geschlossen und sich noch tiefer in den Fond gedrückt.

«Peter ist Maler!» sagt sie und schiebt die Hand des frechen jungen Mannes weg.

«Maler? Aber er trägt keinen Bart, kein rotes, schmutziges Halstuch –»

«Er geht noch zur Schule. In die höhere Schule für Graphik und Gestaltung!»

«Ah, er zeichnet Modelle!»

«Er ist begabt, der Begabteste, der Allerbegabteste!»

«Maler sind arme Schlucker», sagt der junge Mann. «Es gibt so viele wie Sperlinge, und nur ein einziger wird ein Picasso!»

«Peter wird ein Picasso!» ruft sie so laut, dass Peter die Augen öffnet und ihr im Rückspiegel zunickt.

«Ein Picasso, der Frauen mit drei Augen und fünf Nasenlöchern malt», sagt der junge Mann.

«Picasso liegt mir nicht», sagt Peter, und was er sonst noch über ihn sagt, ist nicht zu hören, weil der Wind seine Sätze zerflattert.

«Sind wir bald in Italien?»

Der junge Mann tastet wieder nach ihrem Knie und sagt: «*Italien* – ich lege es Ihnen zu Füßen.»

Da liegt es schon, wie er versprochen hat. *Italien*. Ein großes Plakat, ausgespannt zwischen den blauen Buchten des Meeres. Die Städte, die Dörfer, die einzelnen Häuser sind wie bunte Flecken auf den hellbraunen und grünen Grund gesetzt, und Dome sind zu sehen, Schlösser, Tempel und Campanile, viele Campanile aus zuckerweißem Marmor, in denen die Glocken auf und nieder schwingen, dass die Klöppel zu sehen sind.

«Diese Farben, Peter!» jubelt Helga. «Mehr als auf deiner Palette, mehr als im Aquarellkasten! Rosa und Rubin, Ocker und Karmesin!»

«Weiß und Ultramarin!» ruft der junge Mann dazwischen.

«Veroneser Grün, esmeraldagrün, bronzegrün», sagt Peter, als wolle er ein Gedicht aufsagen.

«Und die Bäume, die vielen Bäume. Die spitzen Zypressen und die runden Pinien. Wälder von Bäumen!» staunt Helga.

«Es sind keine Wälder, sondern *Haine*. Oliven-, Orangen-, Limonenhaine. Die Gärten der *Hesperiden!*»

«Die Gärten der Hesperiden», stimmt Helga bei.

«Ja, die Gärten der Hesperiden», spricht Peter nach.

«Ich habe in der Schule davon gehört», sagt sie.

«Nicht an die Schule denken», sagt der junge Mann. «Es sind Ferien!»

«Werden wir auch Esel zu sehen bekommen?» fragt sie.

«So viel Sie mögen – aber während der *Siesta* schlafen sie im Schatten der Haine.»

«Ich will auch Esel sehen!» ruft Helga.

«Ich auch!» ruft Peter.

«*Ecco*», sagt der junge Mann. Ein Esel, grau und braun, bockt vor dem Kühler. Er stößt an den Wagen, den er zu ziehen hat, dass alle Tomaten aus den Körben über die Fahrbahn rollen.

«*Ferien!*» läuten die Glocken in den Campanile.

«Der Himmel ist *königsblau*», sagt der junge Mann.

«Gebrochene und neutrale Töne», sagt Peter.

«Keine Schule, keine Vokabeln, keine Grammatik!» triumphiert Helga. Nein, sie will nicht an die Schule denken, aber an die anderen denkt sie wieder, die kein kobaltblauer Sportwagen mitgenommen hat: an den Studenten mit der Tafel nach München, das geschminkte Mädchen, die Jungen mit der Gitarre, den Mann mit der Aktentasche und den Einbeinigen mit der Krücke.

Die Jungen singen jetzt dreistimmig:

«*... erst wenn die letzten Blätter fallen,*
kehr'n fernetrunken wir nach Haus.»

Warum singen sie nicht italienisch?

«Die *Orange* habe ich für Sie gepflückt», sagt der junge Mann.

Nein, sie fahren nicht mehr. Peter steht nicht weit von ihr, aber sie würde gleich zwei Orangen nehmen, eine für ihn, eine für sich. Sie greift danach, aber der junge Mann ist wie aufgelöst in lauter Sonnenkringel.

«Hab' ich dir nicht gesagt, dass an der Steigung kein Schwein anhält», sagt Peter.

Sie antwortet nicht.

«Wir gehen die Höhe rauf, und dann wirst du winken. Sicher hält dann eher einer an. Das dumme geschminkte Mädchen hat längst ein Sportwagen entführt –»

«Ja, ich werde winken», sagt sie.

Peter geht so schnell, dass sie ihn nicht einholen kann, betäubt wie sie ist, von der Sonne, vom Warten, von ihrem Traum.

In der Gondel

Der Gondoliere schwieg und ruderte, bis wir mitten im Canal Grande waren, unter vielen anderen Gondeln, schaukelnd in den Wellen des Vaporettos, das zur Ca' d'Oro hinüberpflügte.

Vor dem Rialto erklärte er die Brücke: Sie sei an Stelle einer früheren Holzbrücke von Antonio da Ponte erbaut, bestehe aus einem einzigen Bogen, und jeder Pfeiler ruhe auf sechstausend Pfählen.

Als ich Marlen übersetzte, wusste er, dass sie kein Italienisch verstand.

«Ich habe Sie gleich wiedererkannt, als Sie uns ansprachen», sagte ich.

«Ich auch. Fünf Jahre sind es her – und dieses ist der Palazzo Bembo, ein gotischer Bau des 15. Jahrhunderts von großem ornamentalem Reichtum!»

Marlen konnte sich an den Spitzbögen nicht sattsehen.

«Es war der schönste Sommer Venedigs. Hat es einen Tag geregnet damals?»

«Nein, nie hat es geregnet.»

«Dieser Sommer ist kalt. Immerfort Regen, der die Fremden vertreibt.»

«Was sagt er jetzt?» fragte Marlen.

«Er spricht vom Wetter. Er ist unzufrieden mit dem Wetter.»

«Sie sind verheiratet?» fragte er.

«Ja.»

«Und zur Hochzeitsreise in Venedig?»

«Nein, es ist nicht die Hochzeitsreise. Die war vor drei Jahren schon.»

«Was sagt er jetzt?» fragte Marlen.

«Der Gondoliere meint, wir wären Hochzeitsreisende.»

Alle Liebespaare halten hier an, die Kuppel von Santa Maria della Salute zu betrachten.

«Er ist kein Psychologe», sagte Marlen. «Er soll lieber erklären. Ich hätte den Baedeker einstecken sollen.»
«Wozu?»
«Ich will wissen, wie die Paläste heißen.»
«Du wirst sie doch wieder vergessen.» Er zcigte und erklärte: «Palazzo Dandolo, Palazzo Loredan, Palazzo Farsetti, Palazzo Grimani –» Ich glaube, er vergaß nicht einen.
«Sie heißen Enrico?»
«Ja.»
Da fiel auch mir sein Name wieder ein, gerade im richtigen Moment. «Und Sie heißen Francesco!»
«Mamma mia! Sie wissen es noch!»
«Ein schöner Sommer damals –»
«Palazzo Papadopoli, Palazzo Donà della Madoneta, Palazzo Bernardo, Palazzo Corner Spinelli!»
«Die Namen brauchst du mir nicht zu übersetzen, die verstehe ich von allein; aber was sagt er dazwischen?»
«Er erzählt von anderen, die er früher gerudert hat.»
«Interessiert dich das?»
«Ich kann ihm nicht verbieten zu erzählen.»
«Hat er nicht gesagt, er wird singen?»
«Meine Frau wünscht, dass Sie singen, Francesco!»
«Eine strenge Frau», sagte er. «Ihre Freundin lachte immerfort. Nie hatte ich ein Mädchen in der Gondel, das so viel lachte! Sie konnte über alles lachen, und die Palazzi haben sie einen Dreck interessiert.»
Er sang «'O sole mio».
Die Gondolieri in den Venedig-Filmen haben strahlendere Tenöre. Sie singen in ein Mikrophon, und die Ateliers haben eine bessere Akustik als der Canal Grande.
«Hoffentlich hört er bald auf», sagte Marlen.
«Du hast es dir doch gewünscht.»
«Ein Caruso ist er nicht.»

Francesco hatte verstanden. Er sagte: «Ihrer Freundin damals hat meine Stimme gefallen, weil sie glücklich war, weil ihr die Welt überhaupt gefallen hat. Und dir, Enrico, hat sie auch gefallen.»

«Mir gefällt deine Stimme auch heute.»

«Weißt du noch, wie eifersüchtig du warst?»

«Ich, eifersüchtig?»

«Nun, sie sprach besser italienisch als du. Sie sagte so witzige Dinge, die du gar nicht alle verstehen konntest. Ihre Mutter war Italienerin.»

«Aus Messina war ihre Mutter. Ihr Vater Franzose.»

«Du wolltest ins Wasser springen», sagte Francesco.

Ich erinnerte mich. Ich spielte den Eifersüchtigen, weil sie allzu verliebt zu Francesco hinaufblickte, sich allzu gern mit ihm unterhielt. Sie schürte das Feuer. So war ich. Ich sagte, ich ersäufe mich, wenn du nicht augenblicklich geradeaus siehst und mich umarmst, wie man sich in Gondeln zu umarmen hat. Ich sprang auf den Sitz, und sie hielt mich fest, umarmte mich –

«Was macht er jetzt?» fragte Marlen.

Ich drehte mich um und sah, wie Francesco das Ruder ins Wasser stellte, zu beweisen, dass die Lagune nicht tiefer als fünfzig Zentimeter war.

Nichts hatte Francesco vergessen! Alles holte er aus der Erinnerung!

«Er will uns zeigen, wie seicht die Lagune ist.»

«Warum zeigt er das?»

«Wir sollen sehen, in der Lagune kann sich nicht einmal ein Nichtschwimmer ertränken.»

«Willst du dich ertränken?»

«Nein», sagte ich. «Mir ist zu kalt dazu.»

«Vor fünf Jahren wollte sich einmal einer ertränken», sagte Francesco und lachte.

«Gehört das auch zur Gondelfahrt?» fragte Marlen.

«Francesco ist besonders aufmerksam.»

«Und wird alle Aufmerksamkeiten auf die Rechnung setzen!»

«Warum bist du so böse auf ihn?»

«Er spricht mir zuviel.»

Damals hatte Francesco die dreitausend Lire, die wir vor der Fahrt vereinbart hatten, abgelehnt.

Ein Märchen aus Venedig könnte so anfangen: Es war einmal ein Gondoliere, der ruderte ein Liebespaar durch den Canal Grande und die Mäanderwindungen der vielen kleinen Kanäle. Er hatte seine Gondel mit Lampions behängt, er sang «'O sole mio», er ruderte zwei Stunden und wies die dreitausend Lire, die ihm der junge Mann zahlen wollte, zurück, weil dessen Freundin so hübsch war und wie ein Glockenspiel lachen konnte. Ja, zuletzt ruderte er die beiden zu einer Osteria, in die sonst keine Touristen hinkamen, lud sie ein, die halbe Nacht Chianti mit ihm zu trinken, zu lachen, zu tanzen –

«Warum bist du so schweigsam auf einmal?» fragte Marlen.

«Ich?»

«Auch dein Gondoliere scheint zu schlafen.»

«Meine Frau wünscht, dass du ihr sagst, wie die Palazzi rechts und links heißen.»

Francesco erklärte mit gewohntem Pathos: «Links sehen Sie den Campo und die Chiesa di San Samuele mit dem typisch venezianisch-byzantinischen Glockenturm aus dem 12. Jahrhundert. Der Palazzo Grassi folgt, ein besonders schöner Bau, im Innern mit berühmten Deckengemälden Alessandro Longhis geschmückt –»

Während ich übersetzte, sagte Francesco: «Warum bist du nicht mit ihr gekommen, einen Ring am Finger?»

«Und der Palast dort rechts?»

Diesmal war ich dankbar für Marlens Einwurf.

«Meine Frau will wissen, wie der Palazzo dort heißt.»

«Es ist der Palazzo Rezzonico, ein Werk Longhenas.»

Wir waren nun fast am Ende des Kanals. Es war dunkel geworden, dunkler durch Regenwolken, die vom Westen heraufzogen. Die Kuppel von Santa Maria della Salute strahlten Scheinwerfer an.

«Steigen wir am Markusplatz aus?» fragte Marlen.
«Wenn du willst –»
«Ich friere, und es sieht aus, als regne es gleich.»
«Hier hielten wir damals lange, weißt du noch Enrico?»
«Ich weiß –»
«Alle Liebespaare halten hier an, die Kuppel von Santa Maria della Salute zu betrachten. Auch Noëlly wollte, dass –»

Francesco biss sich auf die Zunge, weil ihm der Name, den wir bisher vermieden hatten, entfallen war.

«Noëlly –»
«Wer ist Noëlly?» fragte Marlen.
«Noëlly: Es ist der Name eines Mädchens –»
«Welches Mädchens?»
«Seiner Frau vielleicht», sagte ich schlagfertig.
«Noëlly è mia moglie», sagte Francesco.
«Nein, das ist nicht wahr!»
«Es ist wahr. – Sie ist ein Jahr später wiedergekommen. Allein.»
«Was sagt der grässliche Mensch?»
«Von seiner Frau erzählt er.»
«Immer erzählt er Dinge, die uns nichts angehen. – Sind wir nicht bald da?»
«Bald, Marlen.»

Der Hund von Torcello

«Zeig mir im Aug von dem Hund
gleichfalls den Schatten der Tat.»
Hugo von Hofmannsthal

Drei Tage blieben uns noch für Venedig. Auch Margot wäre vielleicht lieber – nach den Strapazen in Apulien und Kalabrien – gleich in den Alltag zurückgekehrt; aber wir gestanden es uns gegenseitig nicht ein. Wir spielten Versteck voreinander, wie so oft. Die Prozente der Kellner ärgerten uns. Die auffälligen Typen unserer Landsleute gingen uns auf die Nerven und die Touristen anderer Länder und anderer Kontinente nicht minder. Selbst die Italiener sind so ideal nicht, dass sie einen von früh bis spät zur Begeisterung hinreißen. Doch hauptsächlich lag es wohl an uns, an unserer miserablen Ferienschlussstimmung.

Auf dem Markusplatz schloss sich uns ein alter Mann an. Er witterte unser Missvergnügen. Er besaß jene Alteleuteheiterkeit, die den Erstbesten, der ihr in den Weg kommt, anzustecken versucht, auch wenn der Erstbeste nicht will. Er machte uns auf die Inschriften und Medaillons an den Palazzi aufmerksam; er erzählte Anekdoten dazu, lange langweilige Geschichten, die mehr Aufmerksamkeit erforderten, als wir noch aufbringen wollten. Er sagte, während des Krieges habe er sich in Venedig versteckt gehalten. Nein, so einfach durften wir ihn nicht abschütteln.

Er führte uns zu einer Trattoria, die wir allein nicht entdeckt hätten. Nur Venezianer speisten da; das Essen und die Preise waren einheimisch. Wir hatten den Alten eingeladen, so energisch er abwehrte. Wir sahen, wie er sich freute und wie satt er sich aß. Wir mussten mit unserem Geld rechnen; in Urbino hatten wir uns Antiquitäten gekauft, zwei gut erhaltene Etruskerkrüge. Der Alte

Hier hatte man schon vor Jahren den Hund von Torcello gesehen. Hildegard Pütz hat den Canale mit der Kamera aufgespürt.

sagte, wir seien gewiss auf Fälschungen hereingefallen. Ja, so freundlich er war, und so leis und vornehm seine Stimme flüsterte, er ließ uns immer wieder fühlen, dass er uns für die üblichen Touristen hielt; Touristen, die wenig Ahnung hatten, die in wenigen Tagen ganz Italien und zweitausend Jahre Geschichte durchhasteten, die über primitive Sprachkenntnisse verfügten und so ziemlich gegen alle Gesetze des Landes verstießen. Er war ein Plauderer der Alten Schule, der Formulierer runder Bonmots, die uns manchmal geradezu verletzten, Margot vor allem, die zudem nie parieren konnte.

Aber nicht das allein machte das Zusammensein schwierig. Er hatte auch alle die abstoßenden Eigenschaften des Alters; er schlurfte und sabberte, die Suppe tropfte von seinem Bart auf die Serviette, auf das Hemd, ja, seine ganze Kleidung roch. Und schließlich mussten wir uns seinen Trippelschritten anpassen, wenn er durch die Zickzackgassen voranging, einer entlegenen Sehenswürdigkeit zu, die er uns, auch wenn wir danach kein Verlangen hatten, zeigen wollte.

Margot war vor dem Zubettgehen einem Weinkrampf nahe. Am Morgen beschlossen wir, obgleich wir einen Treffpunkt mit dem Alten ausgemacht hatten, den Vormittag in unserem Hotelzimmer zu verbringen. Wir frühstückten ausgedehnt, und später entdeckte ich im Reiseführer, eine Fahrt nach Torcello lohne sich; eine Laguneninsel im Nordosten, die vor tausend Jahren das Urvenedig getragen hat, dann aber, der Malaria wegen, verlassen und vergessen worden ist. Es war bestimmt besser, irgend etwas als gar nichts zu unternehmen. Zudem konnten wir dem lästigen Alten ausweichen. Ein Vaporetto fuhr nach Torcello. Unterwegs, in Burano und Murano, stiegen die anderen Fahrgäste aus. Ein dünner Regen scheuchte uns unter Deck. Wir sahen durch die beschlagenen Scheiben auf das Wasser und warteten auf Torcello, das viel weiter weg lag, als wir geglaubt hatten. Hätte das Schiff auf halber Strecke gewendet – wir wären nicht enttäuscht gewesen.

Torcello – Santa Fosca – 12. Jahrhundert
Foto: Hildegard Pütz, 1983

Nein, der erste Anblick konnte uns bestimmt keine Ovationen abfordern. Mit einem Blick übersahen wir, was uns erwartete: ein paar Häuser, Gärten, zwei Kirchen im Hintergrund, ein Kampanile, der halb so schräg hing wie der Schiefe Turm von Pisa; ein verwahrloster Kanal zog von der Anlegestelle zu den Kirchen hin und neben ihm ein Fußweg. Auf diesem Weg entlang des Kanals war der Hund zum erstenmal um uns herum. Es kann sein, dass er uns schon am Steg erwartet hatte, aber wir nahmen ihn erst wahr, als er an uns hochsprang und unsere Hände zu lecken versuchte. Wir sind keine Hundenarren. Beide nicht. Wir mögen die Leute, die Hunde als Kinderersatz halten, die ihnen Teller auf den Tisch stellen und sie mitnehmen ins Bett, nicht sehr. Zudem war es kein Hund, der Sympathien erwecken konnte; ein Rassenkonglomerat, weder Setter noch Spitz, weder Spaniel noch Pinscher; ein Wald- und Wiesenhund mit einem zementgrauen, ungepflegten Fell, mit senkrecht stehenden, für seinen plumpen Körper viel zu kleinen Ohren. Seine Augen waren trüb, rotgerändert, mit Schleim verschmiert, und wir versuchten alles mögliche, ihn abzuschütteln. Ich stieß mit dem Fuß nach ihm, doch er nahm's als Spiel, er biss in den Schuh, ohne ihn zu zerreißen; ich warf Steine nach ihm, doch er haschte danach, brachte sie in der Schnauze zurück und legte sie vor uns auf den Weg.

Wir besichtigten die beiden Kirchen von Torcello: Santa Maria Assunta und Santa Fosca. Draußen erwartete uns jedesmal der Hund und zeigte seine Wiedersehensfreude. Er zog uns hin zu den stimmungsvoll verstreuten Säulentrommeln, Sarkophagen und Reliefs der Bischöfe von Torcello. Er jagte die Eidechsen und Geckos die Steine hinauf, und die Bienen schwirrten vor ihm aus den Oleanderbüschen. Als wir Pause machten – im Schatten der Steine uns eine halbe Stunde hinlegten –, ließ er sich neben uns nieder, gähnte, blinzelte, schloss die Augenschlitze, öffnete sie jedoch rasch, wenn wir uns nur bewegten. «Pass auf», sagte Margot, «am Ende hält er uns die Pfote hin zu einem Trinkgeld.» Dann redeten wir lange nicht mehr, weil uns die Sonne, die nach dem Regen um so stechender schien, müde machte.

Vielleicht wusste der Hund auch, dass wir nach der Ruhepause Lust bekamen, etwas zu essen. Er lief den Kanal, neben dem wir auf die Insel gekommen waren, zurück. Er lief in gestreckten Sprüngen voraus, blieb stehen, drehte den Kopf, wartete, bis wir ihn erreicht hatten, um uns wieder voranzutraben, einer Brücke zu, über die er uns lotste. Drüben lag ein Gebäude, das wir bestimmt unbeachtet gelassen hätten. Ein befrackter Kellner verneigte sich neben dem Eingang. So liebenswürdig er uns empfing, so resolut vertrieb er, mit wedelnder Serviette und unverständlichen Flüchen, den Hund.

Wir waren nicht die einzigen Gäste: braungebrannte Playboys in Netzhemden und hübsche Signorinas saßen an den Tischen und hantierten mit Langusten oder Hummern. Es musste ein verstecktes Luxusrestaurant sein, das die Gourmets aus Venedig herauslockte. Auf den Büfetts waren Früchte getürmt: Trauben, Melonen, Pfirsiche, Orangen, Auberginen. Wein- und Wasserkaraffen standen auf den Tischen. Blumen waren dekorativ verteilt, und in die Mauern waren Stücke römischer und romanischer Figuren eingesetzt. Die Kellner beherrschten viele Sprachen, trotzdem, wir konnten uns nicht wehren gegen die vielen Gänge, zu denen sie uns überredeten. Es schmeckte großartig. Nein, wir wollten nicht an die Rechnung denken. Wir nahmen Eis und Kaffee und Patisserien am Ende. Die Zeit war rasch vergangen, wir mussten uns sogar beeilen, das fahrplanmäßige Vaporetto noch zu erwischen.

Der Hund hockte vor der Tür, neben dem Weg am Kanal. Mit Girlanden von Treuekundgebungen gab er uns das Geleit zum Anlegesteg. Noch vom Deck aus sahen wir ihn am Ufer hin und her laufen. Er bellte zu uns hoch, bis sich das Vaporetto in Bewegung setzte, und wir von der Reling weggingen. Wir haben uns schlecht gegen ihn benommen, sehr schlecht. Ob Margot das gleiche dachte? Vielleicht. Wir waren kein junges Liebespaar mehr, das alle seine Gedanken austauscht.

Auch den Alten sahen wir nochmals in Venedig. Wir promenierten auf dem Markusplatz, und als wir im Quadri einen Espresso tranken, kam er vorbei, uns zu begrüßen. Bevor er uns an die nicht eingehaltene Verabredung erinnern konnte, erwähnten wir unsere Fahrt nach Torcello. «Ich weiß», sagte er. «Sie hatten recht. Um Venedig zu verstehen, muss man Torcello kennen.» Und er sagte einiges, was wir schon im Reiseführer über Torcello gelesen hatten. Seinen Redeschwall abzubrechen, sagte ich: «Und ein Hund war da, der uns die Sehenswürdigkeiten zeigte.» «Ich weiß», sagte er, «ein anhänglicher Köter, der sich so leicht nicht abschütteln lässt.» Ohne Gruß ging er weg von unserem Tisch, ging über den großen Platz, bis er im Touristengewimmel nicht mehr zu sehen war. War's nur einer seiner ironischen Einfälle? Ich weiß nicht. Seitdem, wenn irgend jemand von Venedig schwärmt, sind wir immer etwas bedrückt.

Zwei weiße Pferde

«Vasco Popa, mein Freund», lese ich in den Aufzeichnungen des serbischen Schriftstellers Charles Simic im *Akzente*-Heft 1/2001. So werde ich an mein Zusammensein mit Vasco Popa erinnert. 1965 in Belgrad, vorher in Gorizia, wo wir an einer Tagung teilnahmen und am dritten Tag, nachdem das Honorar ausbezahlt war, weiterreisten nach Venedig. Miodrag Pavlović war dabei, und ohne lange Suche fanden wir ein stimmungsvolles Hotel mit dem Namen San Fantin. Wir drei glichen uns in unserer Liebe zur Malerei und gingen nacheinander in die Kirchen und Galerien. Popa blieb meist hinter meinem Rücken, als wollte er herausfinden, vor welchem Bild ich stehenblieb, warum es mir mehr gefiel als das Bild daneben. Als wollte er mich durchschauen. Uns auszuruhen, saßen wir drei um die Mittagszeit in einer belebten Calle hinter dem Uhrturm auf der Terrasse einer Trattoria, als zwei Männer vorbeikamen, die auf ihren Schultern unverpackt ein großformatiges Gemälde vorübertrugen. Zwei weiße Pferde mit wehenden Mähnen, auf den Hinterbeinen aufgestemmt zum Sprung, waren zu sehen. Unverwechselbar ein Gemälde von Giorgio de Chirico. Ja, den bewunderten wir gleichermaßen, und vorher hatte ich seine Monographie aus der Rizzoli-Reihe gekauft. Sie lag aufgeschlagen vor uns auf dem Tisch, als bald nach den beiden Bildträgern er selbst, Giorgio de Chirico, draußen vor der Terrasse auf uns zukam. So wie seine Selbstporträts ihn zeigten: sein Kopf, der römischen Kaiserbildnissen glich, jetzt im Alter überzogen von einem Vlies schneeweißer Haare.
Nein, das war kein Zufall. Wir drei Dichter und Schwärmer hatten ihn, den Maler und Magier, hier in Venedig, zu dieser Stunde, vor uns als Erscheinung beschworen.

Goethe und Tintoretto

«Goethe hatte Einwände gegen den Maler. Tintorettos fliegende Menschen, seine überdehnten Gestalten des Vordergrunds erschreckten ihn. Überdies hielt er biblische Stoffe für die Crux der Künstler. Dann wieder störte ihn der heilige Rocco unter Verbrechern und Dirnen.» Auch Wolfgang Koeppen hatte in Venedig die *Italienische Reise* im Gepäck. Goethe hat uns gelehrt, zu sehen, zu werten, aber nicht immer teilen wir mit ihm den Geschmack der Zeit. Es gefällt mir, dass Koeppen Goethe widerspricht, eine höhere Meinung von Tintoretto hat und Bilder aufzählt, die ihn als den leidenschaftlichsten Maler der venezianischen Schule bezeugen. Noch viel mehr Bilder als Koeppen würde ich aufzählen. Für mich ist Tintoretto nicht nur der ekstatische Manierist, ein Vorläufer der Expressionisten, sondern an erster Stelle ein Dichter und Dramatiker. Er holte die Gestalten und Geschichten der Mythologie, des Alten und Neuen Testaments, die Legenden der Heiligen aus der Vergangenheit in seine Gegenwart. Er gab die Kostüme hinzu, die Bühnenbilder, die Räume, die Landschaften, Dunkel und Licht und die Farben seiner Palette. «Tintoretto-Farben.»

Lauf der Brenta durch das venezianische Tiefland.

... die schöne Brenta herunter

Als ich in Padua das Angebot des Touristenbüros lese, fallen mir Montaigne, de Brosses und Goethe ein, die zu ihrer Zeit «die schöne Brenta herunter» nach Venedig gereist sind. Die «Italienische Reise» habe ich nicht dabei, doch ich erinnere mich gut, wie Goethe diese Wasserfahrt beschrieben hat: wie er Pilgern aus dem Paderbornischen, die aus Rom zurückkehrten, den Dolmetscher spielte und wie er schwärmte von den Villen und Gärten und der fruchtbaren Landschaft. Ein «Burchiello» des 18. Jahrhunderts, mit dem Goethe gereist sein könnte, ist im Prospekt als Kupferstich gedruckt: eine große Gondel, der eine Kabine im Geschmack des Rokoko aufgesetzt ist, und die zwei Ruderer, stehend an Bug und Heck, bewegen. Ich weiß, die Fahrt heute kann jenen Fahrten nicht mehr gleichen; die Erinnerung an die Vorgänger jedoch wird sie mir verschönern. Am Ziel – darauf warte ich schon – wird die Serenissima aus der Lagune tauchen; anders, als wenn man von Land her anfährt und vorher Mestre, die Brücke della Libertà und den Piazzale Roma überstehen muss.

Vor Padua, am Pontile Basanello, warten an diesem Septembermorgen schon viele andere, die sich den gleichen Wunsch erfüllen wollen: Italiener und Italienerinnen, Angestellte der Banca Commerciale aus Mailand, die, erfahre ich, «il viaggio sopra la Brenta» als Betriebsausflug gebucht haben! Weil der neue «Burchiello» – ein weißes, flaches, eigens für diese Exkursion erbautes Motorschiff – genau 70 Personen fasst, und ein Teilnehmer kurzfristig abgesagt hat, werde ich aufgenommen in die Gruppe. Nein, Gruppenreisen mag ich nicht sehr. Die Bankangestellten jedoch sind Fremde. Sie schirmen sich ab in ihrer Sprache. So reise ich eigentlich doch fast wie allein. Mitten unter ihnen nehme ich Platz auf der ledergepolsterten Bank. Auf der Bartheke zischt die

Espressomaschine und verströmt den Duft schwarzgebrannten Kaffees. Ich habe nichts zu tun, als Ausschau zu halten.

Ist es schon die Brenta? Mehr ein schnurgerader Kanal. Fabriken, Schuppen, Vorstadthäuser sind über den Uferböschungen zu sehen. Eine Straße läuft nebenher. Eine «Conca» hält uns auf. Ich lerne das Wort für «Schleuse». Noch vier, fünf Schleusen folgen, doch in wenigen Minuten füllen sich ihre Kammern, die Tore öffnen sich und entlassen unseren «Burchiello» eine Stufe tiefer zur Weiterfahrt. Ich muss, ob ich will oder nicht, die Erklärungen der Hostess anhören. Vom Leben der Dogen, der Adligen und Kaufleute erzählt sie. Von ihrer Liebe zum Land, und wie sie die Sommermonate entlang der Brenta in ihren Villen verbrachten. Wie nach der «Caduta Veneziana» 1797 Glanz, Macht und Reichtum von heute auf morgen vergingen. Musik ertönt aus dem Lautsprecher. Vivaldi selbstverständlich. Die süßen Streicherklänge heben die Stimmung, und sie scheinen den Kanal jetzt in einen Fluss, die Vorstadtebene in eine bebaute Landschaft zu verwandeln. Weinberge, Gärten, Felder sind zu sehen. Landhäuser, bedeckt mit roten Ziegeldächern. Die ersten Villen erscheinen.

Für Montaigne, de Brosses und Goethe waren die Villen entlang der Brenta bewohnte Häuser der Reichen, wie es sie auch anderswo gab. Jetzt sind nur einige noch bewohnt. Ihr Stuck ist zerbröckelt. Ihr Verputz verblasst. Wir bestaunen sie als Museumsstücke; bewundern sie als Architektur oder als Ruine. In Strà, wo die prachtvollste Villa zu sehen ist, die Villa Pisani, ist der erste Halt geplant. Ihr Erbauer, der Doge Alvise Pisani, wollte seinen Reichtum präsentieren. Vielleicht hat er Versailles als Vorbild gewählt. Die Atlanten, die Säulen und Kapitelle, die Simse und Fenster sind zu wuchtig. Wenn man das Tor durchschreitet, taucht über dem Park und einem Grand Bassin ein zweites Schloss im Hintergrund auf. Eine Esedra, ein Eiskeller, ein Labyrinth aus Taxushecken sind weitere Attraktionen. Wie immer in Schlössern und Parks packt mich die Melancholie: einer zu sein, der zur Besichtigung umhergeht. Sie gehören, auch wenn sie gegen Eintritt für alle offen stehen, noch dem, der sie für sich und seine Zeitgenossen hat erbauen und anlegen lassen. Ich erfreue mich an einem Brautpaar, das eben den Park auf gegenwärtige Art nutzt. Ein Fotograf ist mitgekommen, wahrscheinlich ein Routinier für Hochzeitsbilder, der Braut und Bräutigam befiehlt, wohin sie sich postieren sollen: unter den Torbogen, vor die Statue der Flora, vor der Ballustrade am Bassin, damit ihr Bild im Wasser sich spiegelt. Die Braut hebt, wenn es den Rasen zu überschreiten gilt, den Saum des Spitzenkleides, um ihre weißen Strümpfe und goldenen Sandalen zu zeigen. Sie lächelt in die Linse. So will sie in Erinnerung bleiben: als junge, schöne, glückliche Braut in einem paradiesischen Garten.

Die Bankangestellten drehen die Gesichter nach rechts, nach links. Die Hostess lässt die Vokale der schönen Villennamen klingen: Villa Soranza, Villa Barbariga, Villa Mioni, Villa Ferretti-Angeli, Villa Velluti, Villa Grimani, Villa Fini, Villa Selvatico-Granata. Ich werde die Namen nicht behalten; zu viele sind es. Die Villen gleichen sich. Ein paar heben sich hervor durch das Ebenmaß ihrer Architektur; durch die Farbe ihrer Fassade – weiß, ocker, pompejanisch-rot umrahmt vom Grün der Bäume und dem Rost des Gittertors. In Dolo und Mira fährt unser «Burchiello» mitten hinein in das alltägliche Leben eines Dorfes. Wir sind Touristen, sind das gewohnte Schiff, das – von Padua oder Venedig her – vorbeikommt. Ein anachronistisches Schiff, das viel zu langsam fährt. Für die Anwohner sind auch die Villen keine Besonderheit. Die eine ist schon verbunden mit den Häusern nebenan. Zwei, drei sind in Mietwohnungen verwandelt. Die Villa Widmann-Foscari verdient einen zweiten Halt. Sie vertritt die intakte Brenta-Villa. Die Nachkommen leben darin. Stall und Scheune werden wie ehedem genutzt. Die Felder dahinter sind wohlbestellt.

Die Landschaft und die Ufer wollen die Vorstellung, die ich mitbringe, erfüllen. Pappeln und Erlen säumen sie. Weiden lassen ihre Zweige im Wasser schleifen. Schilfrohre schwanken. Seerosen behaupten sich. Die Fruchtbarkeit, die Goethe rühmte, zeigt sich aus der Ferne, als Genrebild. Der Sohn des Schleusenwärters schneidet hinter dem Haus eine Traube vom Stock und bringt sie dem Kapitän als Geschenk. Die Land-, Fluss- und Meeresfrüchte liegen aufgebaut auf den Büffets im Ristorante, wo das Mittagessen für die Reisegesellschaft gebucht ist: Hummer, Krebse, Fische, Muscheln, Gemüse, Salate, Früchte, als sollten sie nicht nur den Appetit wecken, sondern auch die Augen erfreuen durch das Nebeneinander ihrer Farben und Formen. Italienische Betriebsausflügler, erfahre ich, singen nicht: Sie reden, sie speisen, sie trinken. Die Weine des Veneto, Pinot Bianco und Pinot Grigio, werden gereicht. Wer in Italien alle Tempel und Kirchen, alle Palazzi und Museen besucht, doch unter seinen Bewohnern kein Pranzo gehalten hätte, weiß wenig vom Land und seinem Leben. Er kennt nicht die Hochstimmung, wenn Dolce, Espresso und Grappa die Tafel beschließen und ein Wohlgefühl erzeugen, das schwer zu beschreiben ist.

Keine der Brenta-Villen, die wir besucht oder im Vorbeigleiten wahrgenommen haben, war von dem erbaut, auf den ich warte: Antonio Palladio. Er hat die Architekten, die nach ihm kamen, inspiriert; doch keiner hat ihn übertroffen. Sie haben den von ihm vorgegebenen Kanon ins Manieristische verzerrt. In Rom, Venedig und Vicenca, seiner Geburtsstadt, habe ich schon früher seine Bauten aufgesucht. Goethe hat sie bewundert, sie studiert und zeichnen lassen. Wir fahren jetzt, weiß ich, einer seiner Villen zu, die alle vorigen Villen übertreffen soll: die Villa Foscari detto Malcontenta. Der Fluss holt zu einer Schleife aus, als wolle auch er ihre Besonderheit anzeigen. Ein Garten ist noch zu durchschreiten. Dann verhält man den Schritt vor einem freistehenden Bau, der noch blockartiger wirkt, weil die Seitenflügel der Wirtschaftsgebäude abgerissen wurden. Ein Block aus eurhythmisch gefügten Teilen, die nicht gefallen, sondern die Funktion, die jeder Teil

Villa Foscari am Brentakanal bei Mira

ausübt, bestätigen wollen. Palladio hat alle Teile, die zu einem villenartigen Haus gehören, wörtlich genommen: Treppen sind Treppen, Fenster sind Fenster, Loggien sind Loggien. Das Dach deckt und schützt vor Hitze und Kälte. Selbst die hohen Schornsteine, die darauf sitzen, stören nicht; sie verkörpern ihre nützliche Funktion. Palladio hat seinen Bauten Säulen hinzugefügt. Sie tragen, stützen und dienen als Schmuck. Griechische Säulen, doch in den von ihm geprägten, kräftigen Urformen. Nachdem wir die Rück- und Vorderfront bestaunt haben, dürfen wir eintreten. Ich will nicht glauben, wie unsere Hostess den Beinamen «Malcontenta» erklärt: Eine Dame der Foscari habe darin als Verbannte gelebt und sei unglücklich gewesen. Ich beneide die, die heute darin wohnen. Ich sehe, sie lesen Bücher, sie hören Schallplatten, sie füllen die Vasen mit Rosen aus ihrem Park. Die Wände sind mit Fresken bedeckt. Mythologische Szenen und perspektivische Scherze, wie die Auftraggeber und Maler damals sie liebten – und die auch uns noch gefallen.

Die lange, langsame Fahrt «die schöne Brenta herunter» endet ernüchternd. Die Vorboten einer Hafenstadt zeigen sich in der Ferne. Ölflecke bedecken das Wasser. Der Kiel des «Burchiello» wühlt Treibgut auf; Dosen und verrostetes Gestänge. Die Hostess hat nichts mehr anzupreisen. Der Junge von der Bartheke sammelt Gläser und Tassen ein. Die Conca von Moranzani hält uns nochmal auf, viel zu lang. Vorbei am Bacino di Marittimo, mit seinen Überseeschiffen, Masten, Kränen und Ölkesseln. Aus der Einsamkeit des Flusses fahren wir mitten hinein in den Verkehr des Canale Guidecca. Die Vaporetti kreuzen hin und her. Wir haben den Nebeneingang gewählt; links die Fondamenta Zattere, rechts die Fondamente San Biagio und San Giacomo. Il Redentore, Palladios majestätische Kirche, unterbricht die Häuserzeile, und schon taucht geradeaus Palladios prachtvollste Kirchenfassade aus der Lagune: San Giorgio Maggiore. Eine Biegung in nördlicher Richtung, und nun liegt sie endlich da, langgestreckt, unversehrt, vertraut und doch wiederum wie neu: die Stadt, die unvergleichbare. Die untergehende Sonne strahlt sie an. Heute scheint sie ihren Untergang zu verzögern, als wollte sie den Anblick so lange festhalten, bis unser «Burchiello», der ihm entgegenfährt, ihm näher und näher kommt und dort, neben der Piazza San Marco, anlegt.

Gemälde, verpackt und verfrachtet

Das Schiff der Argonauten von Lorenzo Costa

Das Schiff der Argonauten

Die Enttäuschung ist groß, wenn ich in den Gemäldegalerien das *eine* Bild, dem ich entgegenfiebere, nicht vorfinde. Wird es restauriert? Wurde es ausgeliehen für eine Sonderausstellung in einer anderen Stadt? Die Wand, wo ich es erwarte, ist leer. Nicht immer hält es die Direktion für nötig, eine Notiz anzuheften.

Ich denke an meine Enttäuschung beim letzten Besuch der Gallerie dell'Accademia in Venedig: Das berühmte geheimnisvolle Bild, über das ich jetzt mehr wusste als früher, fehlte: Giorgiones *Tempestà*. Oder vor drei Jahren, beim Besuch der National Gallery in London: Ausgerechnet das *eine* Bild, auf das ich mich freute und für das ich meine Begleiter entflammen wollte, war nicht da: *Hieronymus im Gehäuse* von Antonello da Messina. Und jenes einzigartige Bild in der Pinacoteca dei Musei Civici in Padua, das ich weder beim zweiten noch jetzt beim dritten Besuch vorfand, war für eine Sonderausstellung – die erst in einer Woche eröffnet werden sollte – abgehängt worden und befand sich in einem anderen, noch verschlossenen Raum: *Das Schiff der Argonauten* von Lorenzo Costa. Nur eine Cartolina d'Arte kann ich kaufen und anschauen. Doch sie gibt nicht die Stimmung des mythologischen Vorgangs, nicht den Schmelz der Temperafarben wieder.

Meine Enttäuschung zu dämpfen, sage ich vor mich hin: Auch diese Bilder, die ich liebe, aber nicht vorfinde, haben kein leichtes Dasein. Man schickt sie in andere Städte, in andere Galerien, verpackt und verfrachtet, in Flugzeugen sogar. Wahrscheinlich blieben sie lieber im Saal, der ihnen vertraut ist, neben Bildern aus der gleichen Epoche und Region. Und wie müssen sie sich belästigt fühlen von den Touristen, dem Blitzlicht ihrer Fotoapparate. Von den Museumsführern und ihrem Geschwätz. Vom Dunst der Reisegruppen, die hinter ihnen stehen und aus Langeweile gähnen.

Der Schatz von Castelfranco

Giorgio da Castelfranco: Madonna e i Santi Francesco e Liberale

Auch deshalb ist Giorgiones *Thronende Madonna mit den Heiligen Francesco und Liberale* ein so einzigartiges Bild, weil es nicht in den Pinakotheken von Mailand oder Venedig neben zu vielen anderen Bildern hängt, sondern allein und noch an seinem ursprünglichen Platz in der Kapelle des Auftraggebers Constanzo im Dom von Castelfranco. Wie ein Schatz wird es da gehütet, gesichert hinter einem Eisengitter, doch nahe genug, wenn die Beleuchtung anhält, um seine Schönheit und Stimmung, die Übergänge von Licht und Schatten, die Nuancen der Farben bewundern zu können. Nach Castelfranco zu kommen, muss man eine eigene Fahrt unternehmen oder abzweigen von der gewohnten Straße vom Brenner nach Bologna oder Venedig.

Bernhard Andreae, der Archäologe, dem ich heute von meinem Aufenthalt in Castelfranco schwärme, erzählt mir: Sein Vater habe als Dreiundzwanzigjähriger ein Jahr lang in Castelfranco gewohnt, um täglich Giorgiones *Thronende Madonna mit den Heiligen Francesco und Liberale* betrachten zu können.

Die Gurke als Symbol

Carlo Crivelli: Madonna col Bambino

Madonna col Bambino

Keine anderen Besucher kamen an jenem Vormittag in die Pinacoteca Civica in Ancona. Der junge Mann an der Kasse stieg mit uns die Treppe hinauf zum zweiten Stock und knipste nacheinander die Lichter an, nur einen Saal ließ er halb im Dunkel, um das eine Bild, das Juwel der Pinacoteca, desto heller anzustrahlen: die «Madonna col Bambino» von Carlo Crivelli. Wir werden in den nächsten Tagen – so war es geplant – in den Galerien und Kirchen von Ascoli Piceno, Macerata, Corridonia, Montefiore dell'Aso noch weitere Bilder von Carlo Crivelli aufsuchen, doch wird es ein schöneres geben als das, vor dem wir eben stehen und staunen?

Maria hat das aufgeblätterte Buch vor sich auf die Fensterbrüstung gelegt, denn das Kind hat sich in ihre Armbeuge gedrängt. Und wie wohl fühlt es sich dort, weil Daumen und Zeigefinger der Mutter seine Sohle und Zehe berühren. Die Fenster stehen geöffnet hinaus und hinein in die Landschaft der Marken: Berge, Hügel, durch die sich Wege schlängeln, wo kleine Gestalten auf den Feldern und Weinbergen der Arbeit nachgehen. Der Maler bezeugt seine Eigenart und Kunst im golddurchwirkten, perlenbesetzten Mantel und Schleier der Madonna. Aber da sind oben, beiderseits des Throns, zwei gelb-rote Äpfel zu sehen und eine für das winzige Bild fast zu riesige Gurke.

Wir wissen, die Gurke war wahrscheinlich als Symbol gemeint, doch es ist auch eine wirkliche Gurke, wie sie im Garten wächst. Wir Betrachter lieben also in der Malerei die Nachahmung der Natur. Wir gleichen jenen Vögeln, die zu den Bildern des griechischen Malers Zeuxis flogen, um an seinen Trauben zu picken. Wir dürfen die Gurke auf Carlo Crivellis Bild nicht anfassen, doch mit den Augen uns sattsehen an ihr.

Wieder in Florenz zu sein

In Italien komme der Frühling früher, glauben wir Deutschen – und sind überrascht, wenn uns noch in den ersten Märztagen Regen und Wind empfangen. Unter drei schwarzen Schirmen gehen wir den Arno entlang, der als reißender Fluss sich gebärdet. Trotzdem, wir freuen uns, wieder in Florenz zu sein.

Vasari sei Dank, dass er dem Westflügel seiner Uffizien eine Galerie vorgesetzt hat! Vom Regen geschützt, wartet die viel zu lange Schlange der Besucher. Die Amerikaner fehlen – der Dollar steht schlecht –, dafür Japaner und Koreaner; und italienische Schulklassen, angeführt von ihren Lehrerinnen und Lehrern, unterwegs *conoscere l'Italia!*

Heute wollen wir nicht warten. Uns zieht es über den Ponte Vecchio nach San Frediano, zur Chiesa Santa Maria del Carmine; in die restaurierte Cappella Brancacci. Eine Viertelstunde ist uns vergönnt. Kein Kustode erklärt. Keiner der Besucher stört. Wir schweigen, betrachten und bewundern die Szenen, die Gestalten, die Gewänder, die Kunst der Perspektive. Die Farben leuchten wieder, als hätten Masaccio, Masolino und Filippo Lippi erst gestern die Pinsel weggelegt.

Das zusätzliche Erlebnis der Wiederkehr: Alles blieb, wie es war, das Pflaster, die Fassaden, die Enge und Strenge, die Florenz von anderen – erst recht von unseren zerfransten deutschen – Städten unterscheidet. Der Palazzo Vecchio, der Pitti, der Strozzi, der

Benozzo Gozzoli: Der Mann mit der roten Kappe in der Männergruppe auf dem Freskenzyklus in der Cappella dei Magi im Palazzo Medici Riccardi

Medici-Riccardi und die anderen Palazzi erscheinen unter dem bedeckten Himmel wehrhafter und wuchtiger noch. Viele Straßen sind nun Fußgängerzonen. Unsere Stimmung wird gereizt, wenn wir in anderen Straßen aufs Trottoir gezwungen werden, weil Autos und Busse uns bedrohen.

Cellinis Perseus werden wir diesmal nicht bewundern können. Noch verschalt ihn ein Wintergehäuse aus Brettern und Spangen. So bleibt er eine Zeitlang bewahrt vor Dieben, vor Vandalen und vom Schmutz der Luft. Wie Winckelmann über den Apollo von Belvedere in Rom sollte einer über den Perseus in der Loggia dei Lanzi in Florenz schreiben und ihn ebenso rühmen als «Wunderwerk der Kunst».

Gut, dass ich in den Wintertagen «Marbot» gelesen habe. Wolfgang Hildesheimer lässt den erfundenen Protagonisten in seinem Auftrag sprechen; wiederholt über Benozzo Gozzoli, den liebenswerten Maler. Im Palazzo Medici-Riccardi betrachten wir seinen Freskenzyklus «Der Zug der drei Könige». Keine mythischen Könige, sondern die Herrscher der Toscana, die Medici selber, in Samt und Seide, mit prächtigen, frisierten Pferden und goldbestücktem Zaumzeug, reiten nach Bethlehem, nach Florenz. Aber auch die Repräsentationskunst ist schon zu ahnen; die Selbstverherrlichung der Auftraggeber, die mit diesem Fresko beginnt und sich fortsetzen wird bis herauf in unser Jahrhundert.

Die Kunstwissenschaft weiß wenig über Benozzo Gozzolis Leben, desto kostbarer daher sein Selbstbildnis, das sich dort aus der Männergruppe hebt. OPUS BENOTII hat er stolz auf seine rote Kappe geschrieben. Sein Blick, meint Hildesheimer, richtet sich nicht auf irgendeinen Betrachter, sondern auf Cosimo de' Medici, den Auftraggeber. Der habe ihm nicht nur das Thema und die Komposition, sogar die Wahl der Farben vorgeschrieben. Der Blick des gedemütigten Malers, der sich seiner Freiheit beraubt sieht.

Touristen mögen einander nicht, weder die aus dem eigenen noch die aus einem fremden Land. Schlimm, wenn sie in die Trattorien einfallen wie die Stare in Weinberge – und zwei, drei Stunden die langen Tische besetzt halten. In der Trattoria Pennello, nahe der Casa di Dante, sind es heute nur zwei Koreanerinnen. Schöne, junge Frauen, die am nahgerückten Tisch ihr Abendessen einnehmen. Wir sind schon beim Secondo piatto, und sie sind noch mit dem Fischfilet beschäftigt. Schmeckt es ihnen nicht? Oder ist es koreanische Art, so Fisch zu essen? Mit den Messern schaben sie winzige Fasern vom Fisch, und es ist nicht genau zu sehen, ob sie sie in den Mund heben oder zum Tellerrand hinschieben. Dabei unterhalten sie sich, lächeln. Sie lächeln immer. Der Kellner kann

Blick auf Florenz
Foto: Hildegard Pütz

sich nur in Basic English verständlich machen, doch er bleibt ebenso freundlich zu ihnen wie zu uns. Wir haben schon Gelato con fragole, Espresso, Grappa hinter uns, als die beiden Frauen sich erheben. Der Kellner hilft ihnen in die Mäntel und verabschiedet sie mit einem hintersinnigen Satz in Italienisch, den sie wahrscheinlich nicht verstehen. «Ich werde heute Nacht nicht einschlafen können», sagt er.

«Was waren die schönsten Momente Ihres Lebens?» Bei leichter Unterhaltung stellt man sich gern diese Frage. Ich muss nicht lang überlegen und erzähle von einem der schönsten Momente, den ich in Florenz, in den Uffizien, vor vier Jahrzehnten erlebte. Zum ersten Mal hatte ich den Saal 9 betreten und nacheinander die Bilder von Botticelli betrachtet: die Primavera, die Venus, die Judith, die Madonnen und Engel. Ohne darauf vorbereitet zu sein, stand ich vor dem Portinari-Altar des Hugo van der Goes. Der schönste

Moment? Die Überraschung, der Wechsel, der Gegensatz: Toscana-Flandern, Renaissance-Gotik, Sinnlichkeit-Frömmigkeit, Schönheit-Charakter. Damals schätzte ich van der Goes höher als Botticelli; heute, älter geworden, bringe ich beiden Malern die gleiche Bewunderung entgegen. Jeder ist groß in seiner Art und Kunst.

Signora Soravia, meine Nachbarin in Köln, hat das Ristorante Il Latini in der Via Palchetti empfohlen. Zur richtigen Uhrzeit, 19.30, stehen wir vor der Glastür des Eingangs. Drinnen beenden eben die Köche ihr Abendessen. Hinter uns verlängert sich die Warteschlange – und scheint die Empfehlung zu bestätigen. Schinken hängen von der Decke. Ein *fiasco* Chianti steht auf jedem Tisch bereit. Unvergesslich die Suppe, die Ribollita. Coniglio arrostito ebenso schmackhaft wie Agnello arrostito. Toscanische Küche, die – unsere Freundin Alice Vollenweider rühmte sie so – «auf das Wesentliche sich beschränkt». Von Gang zu Gang erwärmt sich unser Wohlbefinden. Horst brilliert als traduttore. Nach und nach kommt das Besondere des Ristorante heraus: Narciso Latini – dort, hinter der Theke, der sympathische, weißhaarige Padrone – ist ein Liebhaber der Literatur und der Künste. Eine von ihm berufene Jury vergibt den «Premio Amici del Latini»; keine Geldsumme jedoch, sondern *un prosciutto*, einen Schinken! Die gerahmten Zeitungsausschnitte an den Wänden halten fest, wie die Verleihung jährlich im Mai gefeiert wird. Wir entdecken bisherige Preisträger: Leonardo Sciascia, Andrea Zanzotto, Indro Montanelli und die Preisträgerin Maria Bellonci. Wir entdecken Giacomo Manzù! Der Kellner, wahrscheinlich einer der Söhne Signor Latinis, erwidert unsere Sympathie. Nach der Bezahlung kredenzt er uns Grappa, danach Vin Santo und, dessen Geschmack und Genuss zu verstärken, Cantuccini alla mandorle.

Wir wollen und wollen nicht aufbrechen; verzichten sogar auf ein Kammerkonzert im Teatro della Pergola, das um diese Stunde beginnt.

Lucca della Robbia: Cantoria,
Museo dell'Opera del Duomo

Bilder und Skulpturen bleiben unverändert. Wir, ihre Betrachter, verändern uns. Schon früher habe ich das Museo dell'Opera del Duomo besucht, Donatellos Magdalena, Michelangelos Pietà, Ghibertis Tafeln von der Paradiespforte bestaunt. Heute hält mich die Cantoria von Luca della Robbia fest: sein Marmorfries, sein Jugendwerk, bevor er ein Meister der Bronze und der glasierten Terracotta wurde.

Das sind keine Putti, wie sie die Altarblätter und Stuckaturen des Barock bevölkern, sondern Mädchen und Knaben, ebenso wirklich wie die draußen auf den Straßen und Plätzen. Der 150. Psalm Davids ist als Thema vorgegeben: Gottes Macht und Herrlichkeit zu preisen. Die Kinder tun es auf ihre Art: Sie tanzen, singen, musizieren; spielen auf Orgeln, Harfen, Lauten, Posaunen, Schalmeien, Trommeln, Becken, Zimbeln. Keine Frisur, keine Miene, keine Geste gleicht der anderen. Symmetrisch-gefältelte oder lyrisch-fließende Gewänder umhüllen die Körper, doch lassen Arme, Beine und Füße frei. Der Kleinste der Knaben hat sich ganz entkleidet, um desto freier und seliger dem Tanz sich hingeben zu können. Feierlich-ernst dagegen stehen die beiden Gruppen der Sänger. Sie senken die Blicke in die Psalter, während ihre Münder die Vokale zu einem Laudate formen. Ich kann mich an der Cantoria heute nicht satt sehen.

Die Badia Fiorentina werde ich, wenn ich wieder nach Florenz komme, mit mehr Ehrfurcht betreten als früher. Nicht allein ihre Architektur, ihre Altäre und Fresken werde ich betrachten, sondern die Phantasie entzünden: an Giovanni Boccaccio denken. Der Verfasser des *Decamerone* hatte in der Kirche seine Auftritte, nicht als Erzähler, nicht als Prediger, sondern als Interpret der Werke Dantes. Boccaccio prägte die Epitheta «poeta vates» und «poeta theologus» und konnte die *Divina Commedia* und die *Vita Nuova* interpretieren wie kein anderer Zeitgenosse. Er schrieb die erste Dante-Biographie.

Die Republik Florenz selber hatte Boccaccio im Jahr 1373 zu diesen Auftritten in der Kirche Santo Stefano della Badia verpflichtet. Die Zuhörer kamen in Scharen. Boccaccio habe, ist überliefert, zu einem «volkstümlichen Publikum» gesprochen und seine Deutungen «in einen handlichen Moralismus einmünden» lassen, «der denn auch für seine Zuhörer wahrscheinlich angemessen war». (Manfred Hardt)

Da wäre ich gern dabei gewesen!

Wieder glänzt und strahlt sein Perseus
Benvenuto Cellini
und seine abenteuerliche Lebensgeschichte.

Auf dem Ponte Vecchio – in der Mitte, wo die Juwelierläden Platz für eine Terrasse lassen – erhebt sich über einer Stele die Büste von Benvenuto Cellini. 1900, als sein 400. Geburtsjahr zu feiern war, hat ihm die Stadt dieses Denkmal errichtet. Der damals berühmte Bildhauer Raffaello Romanelli hat die Büste geschaffen, sie wurde 1901 aufgestellt und blieb unzerstört beim Rückzug der deutschen Soldadeska 1944. Die Tauben lieben es, auf dem Kopf und den Schultern der Büste zu rasten und zu balzen. Liebespaare treffen sich, Touristen verweilen, das Panorama einzufangen. Am schönsten die Minuten der Abenddämmerung: Wenn die untergehende Sonne das Wasser des Arno, die Hügel und Wolken im Westen in safran- oder rosafarbenes Licht taucht.

Unter dem linken Bogen der Loggia dei Lanzi steht Cellinis schönste Bronzeplastik: *Perseus mit dem Haupt der Medusa*. Cosimo I. Medici gab sie in Auftrag, und Cellini wusste, was man von ihm erwartete. Es galt, mit den beiden genialsten Bildhauern zu konkurrieren, mit Donatello und seiner *Judith*, mit Michelangelo und seinem *David* auf der Piazza della Signoria. Wie ihnen war Cellini gleichfalls die Symbolik vorgegeben: Wie der Staat und die Stadt, die Bürger und Fürsten sich ihrer Feinde zu erwehren wissen. Wie Perseus, der eben der Medusa das Gorgonenhaupt mit dem bösen Blick und den Schlangenhaaren vom Rumpf getrennt hat, als stolzer Sieger triumphiert!

Julien Green hat der *Perseus* mehr gefallen als alle anderen Skulpturen, die neben oder hinter ihm in der Loggia dei Lanzi stehen: Giambolognas Marmorplastiken *Raub der Sabinerinnen* oder *Herkules und der Kentaur*, auch die römische Kopie eines

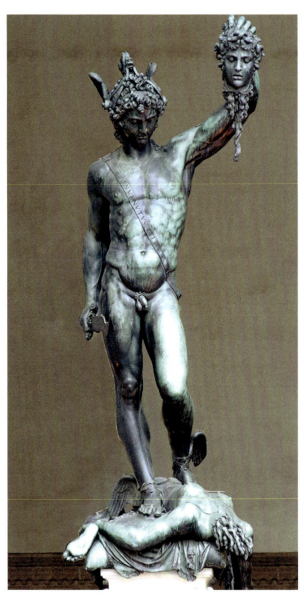

Benvenuto Cellini:
Perseus (Bronzegruppe) Loggia dei Lanzi
Piazza della Signoria

griechischen Originals aus dem 4. Jh. v. Chr., die *Menelaos und Patrokles* darstellt. Julien Green schrieb: «Vor dem strahlenden Perseus verblasst das ganze Gerümpel der bärtigen und behelmten Männer, die Frauenleiber davontragen oder sich mit sterbenden Kriegern schleppen und dabei mehr gekünstelt als künstlerisch wirken.» Rechtzeitig zum 500. Geburtstag Cellinis im Jahr 2000 hat man seinen *Perseus* restauriert, ihn befreit von den Abgasen des Verkehrs, dem Gift der Luft und ihn zurückgeholt an seinen angestammten Platz. Allein seinetwegen, wie er nun glänzt und strahlt, lohnt es sich wieder nach Florenz zu reisen!

Andere Werke Cellinis – viel zu viele gingen verloren – haben ihre behüteten Plätze im *Bargello*. Da findet sich seine Marmorgruppe *Apollo und Hyacinth* und sein anmutiger *Narziss*. Im Saal der Bronzen das *Modell zum Perseus* und der vielfigurige *Sockel* zu ihm. Wer die Lebensbeschreibung gelesen hat, wird länger das Basrelief mit dem *Windhund* betrachten, das ihm als Materialprobe zum *Perseus* diente. Ihm, Cellini, wollen wir auch den *Ganymed* zuschreiben. Werke, die Cellinis Rang bezeugen neben den anderen Skulpturen oder Plastiken der berühmten Bildhauer von Florenz und der Toskana: Donatello und Michelangelo, Verrocchio und Pollaiolo, Sangallo und Sansovino, Rossi und Tribolo und andere. Wer weitere Werke Cellinis sehen will, muss nach Paris reisen, im Louvre seine Bronzelünette *Die Nymphe von Fontainebleau* betrachten oder nach Wien, im Kunsthistorischen Museum seine einzigartige *Saliera*, das Salzfass, bewundern. Für Franz I., der Cellini nach Paris holte, hat er es geschaffen, zudem bewiesen, wie er umzugehen verstand mit den unterschiedlichen Materialien, mit Gold und Silber, Edelsteinen, Email und Ebenholz. Schade, in keinem deutschen Museum befindet sich ein Bildwerk Cellinis.

Auf andere Art ist er uns verbunden: Goethe hat als erster Cellinis Autobiographie ins Deutsche übertragen: *Leben des Benvenuto Cellini*. Ein Buch, das aus mehreren Gründen vielfaches Lob verdient. Zuerst als realistisches, farbiges Gemälde des 16. Jahrhunderts, des Cinquecento, wie die Italiener zählen, der Renaissance, des Manierismus; dann als schriftliches Zeugnis eines Verfassers, der mit unerschrockener Ehrlichkeit Erlebnisse eingesteht, die andere in jener Zeit noch verschwiegen. Er schrieb sie, richtiger, diktierte sie in Italienisch, wie man es in Florenz redete. Gewiss, seine Berichte und Bekenntnisse strotzen von Selbstgefälligkeit und Hochmut. Er rühmt sich selber, einer «der größten Menschen der Welt» zu sein. Er gießt Hohn und Spott über seine Neider; über die Kollegen, die so missratene Skulpturen liefern wie sein Erzfeind Baccio Bandinelli, dessen Großplastik *Herakles und Cacus* vor dem Palazzo Vecchio uns noch heute missfällt. Auch sonst, wir als Leser ergreifen für ihn Partei. Wir bewundern sein Temperament, wir staunen, wir schmunzeln, wir werden unterhalten als läsen wir einen Roman.

Tatsächlich, die Überschriften der einzelnen Kapitel der Lebensgeschichte gleichen den Überschriften in Pikaro-Romanen. Sie bereiten die Leser vor, was sie auf den kommenden Seiten zu erwarten haben, wie die Überschrift zum dritten Kapitel zum Beispiel: *«Peter Torrigioni, ein italienischer Bildhauer, kommt nach Florenz und sucht junge Künstler für den König von England. – Der Autor wird mit ihm bekannt und wirft seinen Hass auf ihn. – Der Autor befleißigt sich, nach den Kartonen von Michelangelo und Leonardo da Vinci zu studieren. – Um sich in seiner Kunst zu vervollkommnen, geht er nach Rom, begleitet von einem jungen Gesellen namens Tasso. – Er findet in dieser Hauptstadt große Aufmunterung sowie mancherlei Abenteuer. – Nach zwei Jahren kehrt er nach Florenz zurück, wo er seine Kunst mit gutem Erfolg treibt. – Seine Mitkünstler werden eifersüchtig auf seine Geschicklichkeit. – Verfolgt, weil er seinen Gegner geschlagen und verwundet hat, kleidet er sich in eine Mönchskutte und flieht nach Rom.»*

So reiht sich Abenteuer an Abenteuer, und viele Seiten wären nötig, sie denen zu vermitteln, die zu träge sind, Cellinis Lebensroman zu lesen. Die Städte, wo er lebte und arbeitete – Pisa, Mantua, Venedig, Rom, Paris – bezeugen, wie unruhig sein Leben verlief, aber auch, was Florenz, die Geburtsstadt, wohin er immer wieder zurückkam, ihm bedeutet hat. Auch das Cinquecento war nicht das Goldene Zeitalter: Die Pest, Überschwemmungen, Feldzüge, Belagerungen waren zu überstehen. Cellini wurde hineingerissen in das schlimmste Ereignis des Jahrhunderts, den *Sacco di Roma* 1527. Er erlebt ihn in der Nähe Clemens VII., des unglücklichen Papstes, den die aufgebrachten Söldlinge Karls V. als Gefangenen auf der Engelsburg bedrohen. Cellini dient ihm als Kanonier. Keiner versteht wie er, Granaten und Kugeln zu gießen und die Anführer des feindlichen Heeres zu treffen und zu zerstückeln. Er weiß, wie man im rohen Stadtleben sich verteidigt. Wie man dem Gegner den Dolch zwischen die Schulterblätter setzt oder den Degen in den Leib rennt. Er hat Niederlagen zu ertragen, Demütigungen, Verleumdungen, Prozesse, Kerker, Verbannung. Doch alle Widrigkeiten haben dank seiner Courage ein gutes Ende.

Schade, Cellini hat seine Lebensgeschichte nicht zuende erzählt. Im Jahr 1558 brach er sie ab, unvermittelt. Nur aus Zeugnissen anderer wissen wir, wie die dreizehn Jahre, die ihm noch vergönnt waren, verliefen. Überraschend, er ließ sich zum Priester weihen! Als trachtete er danach, meinte Goethe, «in geistlicher Beschränkung Glück und Ruhe zu finden.» Kurze Zeit danach eine neue, unverhoffte Wende: Cellini heiratete, zeugte drei Kinder, zwei Töchter und einen Sohn. So verblüffte er alle die, die ihn lebenslang verdächtigt hatten, ein Sodomit zu sein: er wäre mehr als seinen weiblichen Modellen den männlichen zugetan gewesen, den schönen Knaben, den Lehrlingen in seiner Werkstatt. Zu seiner Hinterlassenschaft gehören Traktate über sein Handwerk, über den Rangstreit zwischen Malerei und Bildhauerei. Außerdem dichterische Werke, Sonette vor allem, wie sie Michelangelo schrieb, den er auch sonst ohne Neid verehrte.

Wahrlich, Benvenuto Cellini war ein *uomo universale* und darin ebenbürtig den anderen überragenden Gestalten der italienischen Renaissance. Nicht nur als Bildhauer und Goldschmied, der unsterbliche Werke hinterließ, sondern auch als Autor einer Lebensgeschichte ohnegleichen, in der – wie Hans W. Eppelsheimer urteilte – sein Leben, sein Denken, sein Schreiben eine «vollkommene Übereinstimmung» erzielten. Das ist ein fundiertes, seriöses Lob, aber auch das hat Benvenuto Cellini verdient.

Benvenuto Cellini: Medaille Papst Clemens VII

Des Schreckens und der Wunderdinge voll

Die erste Begegnung mit Jacopo da Pontormo verdanke ich Gustav René Hocke. In der angehängten Anthologie seiner Darstellung «Das europäische Tagebuch» (Limes Verlag, Wiesbaden 1963) waren dreizehn Seiten, über die Hälfte seines Diarios, zum ersten Mal in deutscher Übersetzung zu lesen, und ich weiß noch, wie sie mich damals verwunderten und vergnügten: Pontormos stereotype Notate über sein Leben und seine Malerei, seine Freunde und Gehilfen; vor allem jedoch über seine Mahlzeiten, seine Krankheiten, seine Verdauung, seine Exkremente sogar.

Ich dachte an jene Lektüre, wenn ich in den Kirchen und Museen von Florenz, Carmignano, Lucca, Sansepolcro, in Paris, London, Frankfurt am Main Fresken oder Bilder Pontormos betrachtete. Ich habe, weiß ich heute, eine allgemeine Umwertung des Manierismus mitvollzogen; habe die Negationen der Kunsthistoriker und Kunstkritiker verdrängt, die bis herauf in unser Jahrhundert Vasaris mäkelnde Pontormo-«Vita» nachsprachen, zwar seine Zeichnungen und Porträts rühmten, doch in den religiösen Fresken und Gemälden die «Abweichung», den «Irrealismus», die «Nachahmung» Dürers und Michelangelos rügten.

Ich fühlte mich hingezogen zu seinen Gestalten: Frauen, Männer, Heilige, Jünglinge, Engel. Ich bewunderte die Farben, die nicht eindeutig sich bestimmen ließen: helle, fast grelle und dennoch weiche, durchscheinende Farben wie auf Aquarellen oder Pastellen. Salvatore Silvano Nigro sagt es in schönen Vergleichen: Die Farben – «ein pflanzliches Delirium», die Gestalten «luftig und leicht wie Libellen».

Und ich bin zurückgekehrt zu seinem Tagebuch. Ich weiß nun, es ist zu wenig, sich an diesen Notaten nur zu verwundern oder zu vergnügen. Zudem liegt die erste vollständige Ausgabe

Jacopo Pontormo
1494–1557
Selbstbildnis

in Italienisch und in Deutsch vor. Der Herausgeber ist Salvatore Silvano Nigro.

Nigro, Professor der Literatur an der Universität Catania, hat dem Text einen Titel hinzugegeben: *Il libro mio* (Edizioni Costa & Nolan, Genova 1984), deutsch: *Il libro mio. Aufzeichnungen 1554–1556*. Aus dem Italienischen von Marianne Schneider (Schirmer/Mosel, München 1988). Beide Ausgaben bereichert Giorgio Manganelli mit einem Vorwort. Den Lesern der deutschen Übersetzung hat der Italiener und Dichter voraus, den Klang der Sprache zu hören. Die Ausgabe, schreibt er, sei deshalb so wertvoll, «weil sie uns in die Lage versetzt, ‹den Text zum Sprechen zu bringen›, ihn mit irritierenden Sonden in Versuchung zu führen, um mit hellhörigem Eifer seine Klangfülle, seinen Widerhall, sein leisestes Rauschen, sein Röcheln zu vernehmen ...»

Ein saturnischer Mensch
Pontormo war, als er 1554 seine Aufzeichnungen begann, 60 Jahre alt. Er litt an Wassersucht. Er wusste, sein Leben wird nicht mehr lange dauern, und er wird es aus eigener Schuld verkürzen, wenn er nicht die Vorschriften der Medizin und Hygiene, der Diät vor allem, befolgt. Das Tagebuch soll ihn darin bestärken. Gleich auf den ersten Seiten ruft er sich zu: «drum sei auf der Hut», «lebe mäßig in allen Dingen», «hüte dich vor dem Abkühlen ...», «sodann rüste dich für den Herbst»!

Pontormo ist ein saturnischer Mensch. Er glaubt an die Einflüsse der Gestirne und des Klimas. Kälte, Frost, Regen, Wind verursachen Krankheiten, Leiden, Unwohlsein. Böse ist der «Märzmond», und der Diarist erinnert sich, was er angerichtet hat im Frühjahr 1555: «in diesem ganzen Mond / herrschte Seuche und Pestilenz, die viele: mäßige und gute und wohl nicht ausschweifende / Menschen hinrafften, und allen wurde Blut abgezapft.» Pontormo kennt die Ursachen: «Den Frost gab es nicht im Januar und er tobte sich aus in diesem Märzmond, / wo eine giftige Kälte / sich gnadenlos schlug mit der angewärmten Luft / in der Jahreszeit der langen, hellen Tage, / dass es wie Feuerprasseln im Wasser / und ich in großer Angst war.»

Die Notate skandieren die Zeit in Stunden, Tage, Wochen; aber auch die Brüche der Zeilen haben ihren Sinn. Wieder und wieder Notate über seine Mahlzeiten. Die Leiden, die ihn plagen – «Ungemach entweder im Magen oder im Kopf / oder Schmerzen in den Hüften / oder in den Beinen oder den Armen oder Zahnschmerzen, die nicht / aufhören» – wären geringer, ließe er sich nicht verführen zu essen, wozu andere ihn verleiten. Er kann sich begnügen mit Bratäpfeln, Oliven, Mandeln, Nüssen, Feigen, Kürbis, doch zusammen mit Freunden in ihrem Haus oder in der Osteria schmecken ihm Schweinebraten, Leber, Blutwurst, Aal. Kirchliche Festtage sind

Schlemmertage: «Donnerstag, Fronleichnam, Mittagsmahl mit Bronzino; / ich bekam griechischen Wein, Fleisch / und Fische; und am Abend eine Unze Gemüsekuchen mit wenig / Fleisch.» Weihnachten wird gefeiert: «Abendessen im Hause / Bronzino, blieb dort bis zum Abend / und aß mit ihm eine Schnepfe.» Drei Tage später folgt das Fest des Evangelisten Johannes: «ein gutes Abendessen mit Daniello / Sumpfhühner und 8 Unzen Brot.»

Das Jüngste Gericht

Das Tagebuch soll ihn bei der Arbeit begleiten, die ihn seit neun Jahren beschäftigt und die es nun zu vollenden gilt: das gewaltigste, das schwierigste seiner bisherigen Werke: ein Freskenzyklus für den Chor von San Lorenzo, der Patronatskirche der Medici. Der Majordomus Pier Francesco Ricci oder der Herzog selber, Cosimo I., hatte die Thematik vorgegeben: Weltentstehen, Weltende, Jüngstes Gericht.

Thematik und Kunst fordern, mit dem sich zu messen, den er für den genialsten Bildhauer und Maler des Jahrhunderts hält: Michelangelo, der die Decke und Altarwand der Sixtinischen Kapelle freskiert hat: das Jüngste Gericht! Wie soll er dagegen sich behaupten? – Die Notate sprechen von den Vorbereitungen zu seinem Auftrag. Er lässt nochmal «die Mauern und den Verschlag» verstärken. Keiner soll ihn stören, keiner ihm über die Schulter schauen. Er kritzelt neben die Notate wieder und wieder winzige Skizzen. Sie sollen festhalten, wie er die Glieder oder Figuren auszuführen gedenkt: «und den Arm der Figur angefangen und zwar so», «das einzelne Bein fertig gemacht», «Montag den Arm zu der Figur des Kopfes gemacht, / den erhobenen, und ihn / genau so gelassen, wie die Skizze zeigt».

Auch im Atelier, im oberen Stock seines Hauses, verschanzt sich Pontormo vor den Menschen und der Welt; und vor dem Tod. Er kann die Sprossenleiter, die hinaufführt, mit einer Winde herablassen oder einziehen. Ein Notat verrät, wie er sich verhält, als er unten die vertrauten Stimmen von Freunden hört, die er heute nicht empfangen will: «Sonntag, den 15. klopfte Bronzino und später am Tag / Daniello; ich weiß nicht, / was sie wollten.» Andere Notate sprechen davon, wie sein Alltag verläuft, was in der Werkstatt vorgefallen ist, worüber es Ärger gab. Seinen Garten lässt er lieber von anderen bestellen. Er geht zum Einkauf auf den Markt, füllt Wein, den er aus der Chianti-Region bezieht, in Flaschen. Er unternimmt Spaziergänge zur Certosa San Lorenzo di Galluzzo und zusammen mit Bronzino zum Monte Oliveto.

Enttäuschte Zuneigung

Kein Name fällt so oft wie der Name Bronzino: Angelo Bronzino (1503–1572), der schon bei den Lünetten der Certosa del Galluzzo, danach in der Cappella Capponi in Santa Felicita Pontormos Gehilfe gewesen war. Nun ist Bronzino selber ein angesehener Meister, hochgeschätzt vor allem als Porträtist, aufgestiegen zum Hofmaler der Medici. Von gegenseitigen Besuchen, von gemeinsamen Mahlzeiten berichten die Notate. Nur ein Notat verzeichnet eine Schroffheit gegenüber Bronzino, die Pontormo hinterher zu bereuen scheint: «Bronzino wollte mich zum Mittagsmahl und / sagte, sich verfinsternd, zu mir: / – man meint, Ihr kämet zu einem Feind ins Haus – / und ließ mich gehen.»

Die jungen Gehilfen, die Pontormo sowohl im Haushalt als auch in der Kirche zur Hand gehen, sind ein weiteres Thema des *Libro*. Der eine ist Bastiano del Gestra; der andere Giovanni Battista Naldini, der gleichfalls in der Kirche mitarbeitet und sich im Haus, zusammen mit seinem Vater Matteo, um das leibliche Wohl des Meisters kümmert, einkauft, manchmal auch kocht. Aus den Notaten, die von Battista handeln, lässt sich lesen und ahnen, welche Zuneigung Pontormo dem neunzehnjährigen Gehilfen entgegenbringt; aber auch die Enttäuschungen, die Battista ihm bereitet. Es schmerzt Pontormo, wenn Battista nicht am Abendessen teilnimmt: «Den 13., Freitag. Abendessen allein, / angefangen, alles / selbst zu machen / und Battista sperrte sich in seine Kammer ein.» Es schmerzt noch mehr, dass Battista bei einem gewissen Rotella «ein Bett zum Schlafen bekommen hat». Es tut weh, dass Battista am Abend ausgegangen ist: «und wusste, / dass ich krank war, und kam nicht zurück, daran werde ich immer denken müssen.» Battista fühlt sich ungerecht behandelt und droht, seinen Dienst zu kündigen: «Battista sagte mir nämlich, ich sollte / mir einen anderen suchen, weil er / unschuldig gescholten worden.» Pontormo rächt sich für eine Unart Battistas: Er nimmt ihn mit zu einer zweitägigen Wanderung in die Hügel um Florenz. Als Wegzehrung hat er statt Fleisch nur Knochen und Knorpeln eingepackt. Battista, unleidlich, weil er hungern musste, ärgert nun auf seine Art den Meister, und der notiert es: «– und er vogelte mich zwei Tage lang / und sagte, Fleisch würde er keines finden». (Das Verbum *rimorchiare* lässt sich unmissverständlicher mit hochnehmen, hänseln, foppen übersetzen.) Pontormo erträgt es, auch das sagt sein Notat, mit Schmunzeln.

Gustav René Hocke gab den Schlüssel zum Verhältnis Pontormo/Battista: «… wie Leonardo und wie Michelangelo fand Pontormo sein Ideal im Bildnis des platonischen Epheben und wohl auch des nicht nur platonischen Epheben.» Wahrscheinlich diente Battista Pontormo auch als Modell für die Fresken von San Lorenzo; für einen der Epheben oder Engel.

Wir kennen nicht den Todestag, nur den Begräbnistag von Jacopo da Pontormo: 2. Januar 1557. Einige Wochen davor enden die Aufzeichnungen. Keine Todesahnungen stehen verzeichnet; gewöhnliche, alltägliche Ereignisse folgen einander, wie in den Notaten davor. Nochmal ein Spaziergang zur Certosa del Galluzzo. Nochmal ein Abendessen mit Bronzino. «Dem Maler ist der Platz auf dem Blatt ausgegangen», lautet die Anmerkung Salvatore Silvano Nigros. Oder sind die letzten Seiten der Kladde verlorengegangen?

Ahnen, was verlorenging

Pontormo starb vor der Vollendung des Freskenzyklus von San Lorenzo. Bronzino hat die fehlenden Teile der «Sintflut» und der

«Auferstehung des Fleisches» fortgeführt und ergänzt. Im 17. Jahrhundert wurden die Fresken übertüncht; 1724 bei Umbauarbeiten das gesamte Mauerwerk des Chors niedergerissen.

Vasari hat die vollendeten Fresken gesehen – und war mehr entsetzt als verwundert. Montaigne hat sie gesehen, als er 1580 auf seiner langen Badereise in Florenz Station machte und die Kirchen, auch San Lorenzo, besichtigte. Er diktiert dem Sekretär: «verschiedene Fresken», ohne sie zu werten, ohne den Namen des Künstlers zu nennen. Erst hundert Jahre später findet sich ein Zeugnis, das Pontormos Zyklus gerechter beurteilt: Der Schriftsteller Francesco Bocchi in seinem Buch *Le bellezze della città di Firenza*. Er schrieb: *«An die rechte Seite … ist das Jüngste Gericht gemalt. Im unteren Teil sieht man in mannigfaltigen und bizarren Haltungen viele, die von den Toten auferstehen; und was die Zeichnung, die Farbe und das Relief angeht, ist jede Figur wunderschön. In der Luft hat er viele Engel in süßen, weichen Farben und mit stolzen, bizarren Gebärden dargestellt; und die Maler, die in derlei Dingen erfahren sind, erkennen hier eine große Kunst und bewundern ihn daher in höchstem Maße.»* Bronzino, der seinen Lehrer und Freund oft mit scherzhaften Versen zu erheitern versuchte, schrieb einen lyrischen Nekrolog, in dem er Pontormo und seine Werke, wohl auch die hinterlassenen Fresken, rühmte: «… des Schreckens voll, der Wunderdinge und der Kunst.»

Uns blieben vom letzten Werk Jacopo da Pontormos 27 Zeichnungen in schwarzer oder roter Kreide. Sie lassen ahnen, was verlorenging. Sie haben, zusammen mit anderen Zeichnungen Pontormos, ihren autonomen Wert. Uns blieb: *Il libro mio*, das Tage- und Merkbuch, die Konfession, das eigenartige, unverstellte, wahre Selbstbildnis in Notaten. Viereinhalb Jahrhunderte nach seiner Niederschrift haben wir gelernt, es zu lesen, zu verstehen, zu bewundern.

Vasaris Haus in Arezzo

Im Stadtplan von Arezzo hat die Casa Vasari (Via XX Settembre 55) die letzte Nummer der sehenswerten Baudenkmäler. Wir, Hans, Horst und ich, sind die einzigen Besucher an einem Nachmittag Anfang März. Unbewacht dürfen wir in den Räumen umhergehen. Später wird uns der Direttore die Tür zum Garten, die den Winter über verschlossen war, öffnen.

Seiner Vielseitigkeit wegen darf man Giorgio Vasari mit den Größten der Renaissance, mit Leonardo und Michelangelo sogar, vergleichen. Ein Zeichner, Maler, Dekorateur, Architekt; zudem ein Biograph und Kunsthistoriker. *Le vite de' più eccellenti pittori, scultori, e architettori* bleibt sein unvergessenes Werk. «Vater der Kunstgeschichte» hat man ihn dafür gerühmt. Giuseppe Prezzolini fand ein noch schöneres Attribut: «... eine Art Plutarch der Helden Italiens»!

Die «Lebensläufe» schätzt man als unersetzliches Quellenwerk. Immer noch wird es zitiert, auch kritisiert. Fehler und Erfindungen lassen sich nachweisen. Strengen Kunstwissenschaftlern missfallen die Episoden und Legenden, die Histörchen, die Vasari ebenso wichtig nahm wie die Tatsachen. Mir gefallen sie, wage ich zu sagen.

Zum Beispiel jene Legende, wie Giotto entdeckt wurde: Als Kind armer Eltern hütete er Schafe, und er freute sich, die Steine des Flüsschens Mugello zu bemalen. Der berühmte Cimabue kam vorbei, staunte, erkannte das Genie des Hirtenjungen und nahm ihn gleich mit in seine Werkstatt nach Florenz. Oder die Episode vom jungen Donatello: Aus Bewunderung für einen Kruzifixus seines Freundes Filippo Brunelleschi vergaß er die Einkäufe, die er in seiner Schürze festhielt: «… da fielen die Eier, der Käse und alles andere zu Boden, und alles war verschüttet und zerbrochen.» Wie Michelangelo und Papst Julius II. sich stritten, wie Fra Filippo Lippi die schöne Novizin Lucrezia begehrte, und wie Paolo Uccello so sehr die Gesetze der Perspektive plagten, dass er darüber die ehelichen Pflichten vergaß.

Das Haus in Arezzo – die Dokumente belegen es – war bereits im Bau, als es Vasari 1540 erwarb. Er, erst 29 Jahre alt, wollte zurückkehren in die Vaterstadt, sich ausruhen vom hektischen Reiseleben.

Er konnte die Innenräume bestimmen, benennen, inszenieren: ein *piano nobile*, *camere* für die Mutter, für die Geschwister; eine *camera nuziale* für Nicolosa Bacci, die er zwei Jahre später als Gemahlin ins Haus holte. Inmitten die *sala*, wo alle zusammen kamen, Feste gefeiert, Gäste empfangen und mit Poesie und Musik unterhalten wurden.

Die Ruhe, die Vasari sich erhofft hatte, unterbrachen neue Aufträge in Venedig, in Rom, in Florenz. Cosimo I. berief ihn als Kunstintendanten und Architekten: den Palazzo Vecchio noch prächtiger auszustatten; und zwischen der Piazza Signoria und dem Arno-Ufer einen riesigen Komplex zu erbauen für die Administration des Herzogtums Toscana: die Uffizien.

Seltener und seltener konnte Vasari ungestört in Arezzo verweilen. 1557 bezog er in Florenz einen neuen, geräumigeren Palazzo, ohne das Wohnhaus in Arezzo ganz aufzugeben. Nach seinem Tod, bis zum Ende des 17. Jahrhunderts, bewohnten es Verwandte. Danach hat es der Staat erworben, leergeräumt, zweckentfremdet. 1911 hat es die Stadt erworben und vorbildlich als Museum und Archiv restauriert.

Die Fresken der Decken und Wände blieben erhalten als Vasaris unzerstörte Hinterlassenschaft. Sie bezeugen seine Kunst, seine Bildung, seine Vorlieben. Symbole, Figurationen, Allegorien immer wieder. Szenen des Alten Testaments und der Antike. Die Tierkreiszeichen. Der Stammbaum der Familie. In den Lünetten der *camera della fama* die Porträts der Freunde und Lehrer. Michelangelo, Luca Signorelli, Andrea del Sarto, Bartolomeo della Gatta gehören dazu. Sich hat er selbstbewusst in die Reihe aufgenommen. Dazwischen Fresken, die ihre Betrachter täuschen, erheitern, belehren sollten. Die Lesende hingebeugt in die Fensternische. Die wirklichen Flammen des Kamins haben die gemalte Stadt Rom in ein qualmendes Ruinenfeld verwandelt. Die Lehre ist darüber geschrieben: «Homo vapor est» – «Der Mensch ist bloßer Rauch».

So hat Giorgio Vasari gewohnt, erleben wir nach auf unserem Rundgang. So hat er sich als vielseitiger Künstler des Cinquecento, auch als Mensch, verwirklicht und repräsentiert. Keine Palladio-Villa, ein bescheidenes, bequemes, vornehmes Wohnhaus.

Den Garten betreten wir zuletzt. Noch ist das vorgegebene Parkett zu erkennen. Gräser und Sträucher zeigen ihr erstes Grün. Wir erfreuen uns am Blick über die Treppen, die Mauern und Dächer der Nachbarhäuser, die über vier Jahrhunderte unverändert blieben. Wenige der vielen und viel berühmteren Sehenswürdigkeiten unserer Vorosterreise behalten wir so nachhaltig in der Erinnerung wie die Casa Vasari in Arezzo.

Eine Badereise in den Jahren 1580 bis 1581
Michel de Montaigne in den Bagni di Lucca

Rom ist das Ziel seiner Reise, aber auch andere sehenswerte Städte will er kennenlernen: Konstanz und Augsburg, Innsbruck und Bern, Venedig und Florenz und den Wallfahrtsort Loreto. Gegen frühere Reisen in diplomatischen Diensten eine Reise aus eigenem Entschluss. Er darf frei sich fühlen, aller Pflichten ledig als Familienvater und Schlossherr. Und die selbstauferlegte Klausur ist zu Ende. Bevor er losreitet am 22. Juni 1580, gibt er das Manuskript, das ihn zehn Jahre lang beschäftigt hat, einem Drucker in Bordeaux zum Satz: *Les Essais de messire Michel Seigneur de Montaigne.*

Michel Seigneur de Montaigne, erst 47 Jahre alt, ist jedoch ein von Krankheiten geplagter Mann. Gallensteine peinigen ihn, wie Erasmus, wie Calvin, seine Zeitgenossen. Er verabscheut Ärzte, Apotheker, Kurpfuscher; erhofft sich, wenn nicht Heilung, so doch Linderung durch Trink- und Wasserkuren. Alle Badeorte in Frankreich hat er bereits frequentiert, und die Badeorte in der Schweiz und Italien lassen leicht sich einplanen in die Reise nach Rom. Er will festhalten, was er erleben wird: andere Nationen, Regierungen, Konfessionen, Sitten, um sie vergleichen zu können mit denen daheim. Er weiß: «Es gibt keine bessere Schule des Lebens als andere Lebensgewohnheiten kennenzulernen und sich selbst der Vielzahl der menschlichen Natur auszusetzen.» Das sind gute Vorsätze für jede Reise.

Plombières-les-Bains, ein Badeort an der Grenze zwischen Lothringen und Deutschland, ist als Aufenthalt eingeplant. Danach Baden, nahe Basel, damals der berühmteste Badeort im weiten Umkreis. Die Stadt, «hoch gelegen», gefällt ihm. Er lobt die Häuser und Straßen, die Gasthöfe, die Bäder: «große und kleine,

Michel de Montaigne (1533–1592)

mit überdeckten Gängen». Das Wasser tut seine Wirkung: «... sowohl vorne wie hinten.» Er entleert Gries in nicht unbeträchtlichen Mengen.» Mit Baden ist er zufrieden: «Von allen Bädern, die er bis dahin kennenlernte, würde er keines lieber empfehlen.» Er? Nicht er, Montaigne, beginnt das Tagebuch, sondern einer seiner Diener notiert, was der Herr diktiert.

Abano war damals noch ein kläglicher, ärmlicher Badeort. Weiter zieht es Montaigne, ins nahe Battaglia in den Euganeischen Hügeln: «Die ganze Gegend besteht aus Wiesen und Weiden und dampft wie in Abano selbst an verschiedenen Punkten von heißen Quellen ...» Er bestaunt die «Schlammbäder» und beschreibt sie genau: «Hier stehen besondere hölzerne Formen für Beine, Arme, Schenkel und sonstige Körperteile bereit, in welche die betreffenden Glieder gelegt und geschlossen werden, nachdem die Holzform ganz mit Schlamm gefüllt worden ist ...»

Au Lecteur.

'EST icy vn liure de bonne foy, lecteur. Il t'aduertit dés l'entrée, que ie ne m'y suis proposé aucune fin, que domestique & priuée. Ie n'y ay eu nulle consideration de ton seruice, ny de ma gloire. Mes forces ne sont pas capables d'vn tel dessein. Ie l'ay voué à la commodité particuliere de mes parens & amis : à ce que m'ayant perdu (ce qu'ils ont à faire bien tost) ils y puissent retrouuer aucuns traits de mes conditions & humeurs, & que par ce moyen ils nourrissent plus entiere & plus v fue, la connoissance qu'ils ont eu de moy. Si c'eust esté pour rechercher la faueur du monde : ie me fusse paré de beautez empruntées, ou me fusse tendu en ma meilleure demarche. Ie veus qu'õ m'y voie en ma façõ simple, naturelle & ordinaire, sans estude & artifice : car c'est moy que ie peins. Mes defauts s'y liront au vif, mes imperfections & ma forme naïfue, autant que la reuerence publique me l'a permis. Que si i'eusse esté parmy ces nations qu'on dict viure encore sous la douce liberté des premieres loix de nature, ie t'assure que ie m'y fusse tres-volontiers peint tout entier, & tout nud. Ainsi, lecteur, ie suis moy-mesmes la matiere de mon liure : ce n'est pas raison que tu employes ton loisir en vn subiect si friuole & si vain. A Dieu donq, de Montaigne, ce 12. Iuin 1580. premier de Mars 1580. mille cinq cens quatre vints.

á ij

Michel de Montaigne
«An den Leser»
seiner Essais

Die Bagni di Lucca heben schon deshalb Montaignes Stimmung, weil «ihr Ruf bis in die Zeit der Römer hinaufreicht». Der Ort ist lebendig, die Badehäuser bequem, die Wohnungen, die Villen komfortabel. Unter den Zimmern, die man ihm und seinen Begleitern anbietet, wählt er «das schönste»: «… *vor allem der Aussicht wegen, die den ganzen Talgrund, den Limafluss und die einzelnen Berge umfasst. Letztere sind alle bebaut, bis zum Hügel grün, mit Kastanien- und Olivenbäumen bestanden, teilweise mit Reben, die hier in Form von Kreisen und Stufen die Berge umranden …*»

Er lässt sich die einheimischen Speisen und den Trebbiano-Wein schmecken. Lernt Badegäste, darunter «Edelleute» kennen, aber auch einfache, einheimische Leute. Eine Bäuerin zum Beispiel, die Gedichte schreibt! Ihr Onkel hat ihr als Kind Ariost und andere Dichter vorgelesen: «… so dass sie nicht nur in außerordentlicher Raschheit Verse macht, sondern auch alles mögliche hineinmischt: antike Fabeln, Namen von Göttern und Ländern, von Gelehrten und berühmten Männern …»

Feste, kirchliche und weltliche, werden in den Bagni di Lucca und den Nachbardörfern gefeiert. Auch er, der Seigneur de Montaigne, gibt ein Fest, richtiger «einen Ball mit öffentlichen Preisen». Aus Lucca, der Stadt, lässt er Schuhe, Gürtel, Mützen, Hauben, Haarflechten, Halsketten kommen, um sie als Gewinne verteilen zu können. «Hundert und mehr Personen» lädt er ein zum Abendessen. Hinterher wird getanzt, und auch er lässt sich hinreißen mitzutanzen!

Bei der Ankunft in den Bagni di Lucca hat sich Montaigne vorgenommen, selber die Feder zu ergreifen. Tatsächlich, von da an klingen die Notate persönlicher und spontaner als im Diktat des Dieners. Nicht in französischer Sprache will er fortfahren, sondern in der Sprache, die ihn umgibt. «Wir wollen jetzt ein wenig jene andere Sprache sprechen», schreibt er, «um so mehr als ich in Gegenden bin, wo man wohl das reinste Toskanisch hört, besonders von Bewohnern, die es nicht durch den Verkehr mit den Nachbarn verändert und entstellt haben.»

Er bereut, in den Badeorten davor – in Plombières, Baden, Abano, Battaglia – «nicht mehr Details» aufgeschrieben zu haben. Nun holt er es nach; notiert auf vielen Seiten die Gläser, die er aus unterschiedlichen Quellen getrunken, die Stunden, die er im Bassin oder im Schwitzbad verbracht hat. *«Ich tat manches gegen die Regel»*, gesteht er ein. *«Ich badete nur einmal am Tag statt zweimal täglich. Ich duschte mich sehr kurz, statt wenigstens eine Stunde morgens und ebenso lang abends. Mich, wie hier allgemein üblich, scheren zu lassen und mir dann ein kleines Stück Satin mit einem Perückennetz aufzusetzen, hatte ich bei meinem polierten Schädel nicht nötig.»*

Er reist und reitet am 21. Juli 1581 weiter nach Florenz, nach Pisa und Pistoia, doch kehrt er Mitte August zurück in die Bagni di Lucca: «Groß war die Bewillkommnung, mit der alle Leute unsere Rückkehr begrüßten. Es war nichts anderes, als wenn ich in mein Haus zurückgekommen wäre.» Er wiederholt die Trink- und Wasseranwendungen. Doch die erhoffte Linderung der Schmerzen bleibt auch diesmal aus. Ein «sehr alter Mann», ein Einheimischer, bestätigt ihm die eigene Vermutung; die Ärzte, die Apotheker, die Profitgierigen, verderben die Wirkung des Wassers mit ihren schädlichen Medikamenten. Vielleicht verunreinigen sie sogar absichtlich die Quellen!

Montaigne ist beunruhigt und setzt doch seine Trink- und Badekur fort, wie er sie bestimmt. Vor der zweiten Abreise aus den Bagni di Lucca notiert er, was er als Erfahrung und stoische Einsicht gewonnen hat: *«Es gibt kein anderes Heilmittel, keine andere Vorschrift, keine andere Wissenschaft, das Übel zu vermeiden, wie groß es auch sei, und das von allen Seiten und zu jeder Stunde den Menschen bedroht, als sich zu entschließen, es menschlich zu ertragen oder aber mutig und unversehens ihm ein Ende zu setzen.»*

Michel de Montaignes «Voyage en Italie» ist erst 1774 als Buch erschienen; in deutscher Übersetzung erst 1939, zuletzt 1963 im Steingrüben Verlag, übertragen und eingeleitet von Otto Flake. Wer es wiederliest, wird allen denen widersprechen, die es, auch seiner unvollkommenen Form und eigenwilligen Orthographie wegen, als ein Nebenwerk herabsetzen. Es ist, lässt sich zusammenfassen, bedeutsam als ein Reisebericht des 16. Jahrhunderts, lange bevor die «Grand Tour» Mode wurde. Bedeutsam als Beschreibung der Länder, die Montaigne besucht hat, Deutschland, die Schweiz, Italien, zudem als Bericht eines Badegastes in jener Zeit.

Wir Leser heute erkennen im «Tagebuch einer Badereise» den gleichen Michel de Montaigne, den wir als Autor der «Essais» bewundern; den Humanisten, den Philosophen, der uns – wie Hans W. Eppelsheimer seine Montaigne-Wertung beschloss – vorgelebt und gelehrt hat, «sich mit Skepsis und Resignation ins unvermeidlich Menschliche zu schicken und sich gelassen ein Stückchen Lebensglück oder doch das Gefühl innerer Freiheit und seelischen Friedens zu sichern».

Perugia

Die Fontana Maggiore von Vater Niccolo Pisano und Sohn Giovanni gehört zu den berühmten Brunnenanlagen Italiens

Wieder in Perugia. Heller als vor fünfzehn Jahren will mir die Stadt erscheinen. Die Fassaden sind gereinigt, die Autos aus dem Corso Vannucci verbannt. Ich bewundere den Brunnen von Vater und Sohn Pisano, betrete den Dom und den Palazzo dei Priori. Betrachte andächtig die Bilder der umbrischen Schule: Tafeln von Perugino, Pinturicchio und Piero della Francesca. Ich steige hinab zum Arco Etrusco und hinauf zur Terrasse der Piazza Italia. Wie damals schwingen die Schwalben auf und ab über dem Abgrund, bevor die Sonne untergeht.

Horst begleitet mich. Als junger Mann hat er in Perugia die Universität besucht und Italienisch gelernt. Er zeigt seine Wohnungen, die Universität, die Mensa, die Trattorien. Ich beneide Horst. Für ihn ist Perugia Teil seines Lebens. Ich komme und gehe als Tourist.

Assisi

Tempel der Minerva, Assisi

Denkmal der alten Zeit

Goethe in Assisi an einem Oktobertag 1786: Er verschmäht «die ungeheueren Substruktionen der babylonisch übereinander getürmten Kirchen» von San Francesco. Er weiß nicht, dass dort die Fresken von Simone Martini, von Cimabue und Giotto zu sehen wären. Dass dort, in der Unterkirche, das Grab eines Heiligen liegt, den selbst Ungläubige verehren. Goethe fühlt sich hingezogen zum bescheidenen, römischen Tempel der Minerva im Zentrum der Stadt. Er schwärmt: «… das erste vollständige Denkmal der alten Zeit, das ich erblickte.» Andere schon haben den Vorgang nacherzählt, doch nicht daraus die Warnung gehört: Auch wir in unserer überheblichen Gegenwart könnten auf unseren Reisen – und nicht nur auf unseren Reisen – das Sehenswerte versäumen. Wir folgen vorgestanzten Vorstellungen; Programmen, die uns vorschreiben, was wir beachten, was wir verachten sollen. Gegen Goethe und seinen Besuch von Assisi ist weder Hochmut noch Schadenfreude angebracht.

Le Balze, die Felsen von Volterra haben den Schriftsteller D. H. Lawrence wegen ihrer Dramatik fasziniert

Volterra, allein auf seinem Felsen
Mit D. H. Lawrence, dem Autor der Lady Chatterley, unterwegs zu den Etruskern

«Zu den Gräbern, zu den Gräbern» rief D. H. Lawrence sich zu im April 1928, als er von Rom aufbrach zu einer Reise nach Cerveteri, Tarquinia, Vulci, Volterra, den Orten und Nekropolen der Etrusker. Nahe Perugia, in der Tomba dei Volumni, war er zum ersten Mal etruskischen Ausgrabungen begegnet. Noch viel mehr wollte er nun sehen, möglichst alles, was dieses geheimnisvolle untergegangene Volk hinterlassen hatte. Was ihre unterirdischen Grabkammern bargen oder was schon ausgestellt war in den Museen der Region.

Lawrence hat nicht, wie sein Bewunderer Henry Miller schwärmte, «in den Ruinen der Etrusker gegraben». Er hat sie betrachtet, beschrieben, gedeutet. Er hat vorher die Bücher der Archäologen, die damals vorlagen, von Georges Dennis und D. Randall-McIvers zum Beispiel, studiert. Er kam dennoch zu ganz eigenen Erkenntnissen, und die ließen sich aufnehmen in seine eigenwillige Anschauung der Vergangenheit und Gegenwart.

«Instinktiv» fühlte Lawrence sich hingezogen zu diesem «natürlichen» Volk und seiner «schamfreien Lebenslust». Er konnte sich nicht sattsehen an den Malereien ihrer Tomben, an den Reliefs ihrer Aschenurnen, die ihm diese Lebenslust, zugleich ihre Furchtlosigkeit vor dem Tod bezeugten. Für sie war der Tod «eine heitere Fortsetzung des Lebens, mit Edelsteinen und Wein, mit Flöten, die zum Tanz aufspielten. Er war weder eine ekstatische Seligkeit, ein Himmel, noch ein qualvolles Purgatorium. Er war einfach eine natürliche Fortdauer der Lebensfülle, des Lebendigen.»

Nicht Frieda, seine Frau, begleitete Lawrence auf dieser Reise vom 5. bis 11. April 1928, sondern ein amerikanischer Freund, der Maler Earl Brewster. Das Wetter war launisch, Regengüsse oder Sonnenschein, im hochgelegenen Volterra noch eisig kalt. Sie reisten mit der Bahn, dem Postbus, dem Pferdewagen oder zu Fuß. Sie mieteten Fremdenführer, die ihnen die unterirdischen Grabkammern öffneten und mit einer Acetylenlampe oder Kerze das Dunkel erhellten.

Grab um Grab wollten sie sehen, zwei Dutzend insgesamt, darunter viele, die, weil sie ausgeraubt oder verfallen waren, den Besuch nicht lohnten: «Fast alles verwittert oder weggefressen oder vom Kali fortgeätzt oder absichtlich zerstört. Bruchstücke von Festgästen, Glieder, die ohne Tänzer tanzen, Vögel, die im Nirgendwo fliegen, Löwen, deren gefräßige Köpfe fortgefressen sind.»

Lawrence beachtete die wechselnde Landschaft: Ebenen oder Berge. Dann gefiel sie ihm, wenn sie an Mexiko erinnerte, wo er sich für die Kultur der Azteken ebenso interessiert hatte wie jetzt für die

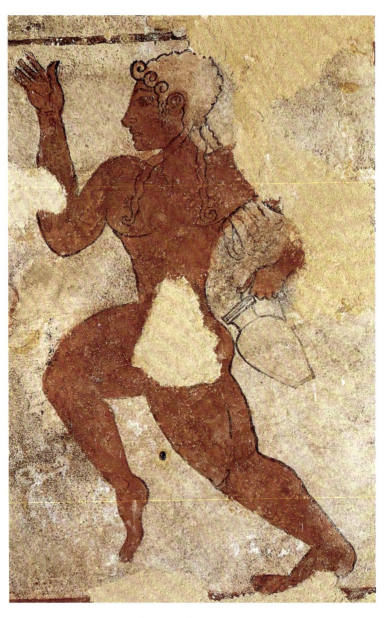

Tomba delle Leonesse
Etruskische Wandmalerei, Museo Guarnacci

Kultur der Etrusker. Er begegnete Bauern, Hirten, Handwerkern, hörte aufmerksam zu, wenn sie aus ihrem armseligen Leben erzählten. Unterkünfte waren schwer zu finden, die Osterien schmutzig, das Essen miserabel. Lawrence witterte das faschistische Regime. Brewster und er bekamen den Argwohn gegen Ausländer zu spüren. Da und dort das drohende Graffito, das Lawrence mehr amüsierte als schockierte: *Mussolini ha sempre ragione!*

Volterra, «die Stadt, düster und frostig, allein auf seinem Felsen», war die letzte Station der Reise. Da waren nicht Tomben zu besichtigen, sondern vor allem das einzigartige «Museo Guarnacci», wo schon im 18. Jahrhundert etruskische Funde gesammelt und ausgestellt wurden. Lawrence wollte es zunächst nicht, auch weil er sonst Museen «widerwärtig» fand, bis er nacheinander die Fülle der Aschensärge entdeckte. Nicht nur «Szenen der Mythologie» stellten die Reliefs dar, sondern «Szenen aus dem wirklichen Leben»: *«Eberjagden, Zirkusspiele, Festzüge, Abreisen in Planwagen, fortsegelnde Schiffe, Stadttore, die erstürmt, Opfer, die dargebracht werden, Mädchen mit offenen Schriftrollen, als wenn sie in der Schule vorläsen; viele Bankette mit Mann und Frau auf dem Festmahllager, mit musizierenden Sklaven und Kindern ringsumher.»*

«Abschiedsszenen» immer wieder: «Reisen in verhangenen, von zwei oder mehr Pferden gezogenen Wagen: der Treiber zu Fuß, ein Freund zu Pferde und Hunde geben das Geleit, während andere Reiter auf der Straße entgegenkommen. Unter der gewölbten, geteerten Plane des Wagens sitzt ein Mann oder eine Frau oder eine ganze Familie, und alles bewegt sich mit einem wundervollen, gemächlichen Schwung der Straße entlang.» So weit steigerte sich seine Bewunderung: «Ich habe mehr wirkliche Freude an diesen Aschensärgen in Volterra als an – fast hätte ich gesagt, dem Parthenonfries.»

Die beiden überlängten Bronzestatuetten, vor denen heute jeder Besucher im Museo Guarnacci lange stehen bleibt, auch weil sie ihn an Alberto Giacomettis späte Stabfiguren erinnern, konnte Lawrence nicht sehen: «Der Große Wasserträger» und jener andere Jüngling mit dem seltsamen Namen «Ombra della sera». Erst 1955, bei einer Etrusker-Ausstellung in Zürich, erfuhr diese, zusammen mit vergleichbaren Statuetten der hellenistischen Epoche die verdiente Beachtung. «Der Große Wasserträger» wurde erst 1971 gefunden.

Und wie erlebte und beschrieb Lawrence die Stadt Volterra und ihre «nicht»-etruskischen oder «anti»-etruskischen Sehenswürdigkeiten? Er nahm sie wahr, die Piazza, den Palazzo dei Priori, die Kirchen aus dem 13. Jahrhundert. Aber sie ließen ihn gleichgültig, selbst die Kathedrale, «obwohl sie wirklich sehr hübsch ist, mit einem Glanz dämmeriger Kerzen und ihrem sonntäglichen Weihrauchgeruch; ich bin enttäuscht über die holzgeschnitzte Kreuzabnahme, und die Reliefs interessierten mich nicht. Kurzum, ich bin schwer zufriedenzustellen.» Er sah nicht die andere, die gemalte «Kreuzabnahme», Rosso Fiorentinos überwältigendes Bild.

Er orientiert sich über die Verwendung des Alabasters. Er wollte jedoch nicht die neuen, sondern nur die alten Alabasterkrüge sehen. Wie alle Besucher Volterras bestaunte er *Le Balze*, den schwindelerregenden Abgrund. Brewster und er gerieten «wie zwei Waisenkinder», mitten hinein in ein Bankett. Die Unabhängigkeit Volterras von Florenz galt es zu feiern. Die hochgelegene Burg war in ein Zuchthaus verwandelt. Lawrence machte sich Gedanken über das Leben der Sträflinge und beendete mit zwei behaltenswerten Anekdoten von Sträflingen seine Beschreibung von Volterra.

Am Abend des 11. April kehrte Lawrence zurück in die Villa Miranda in Scandicci, nahe Florenz, wo er mit Frieda zusammen bis Ende des Jahres blieb. Das Manuskript seines Romans «Lady Chatterley's Lover» war abgeschlossen und konnte erscheinen. Lawrence war schwer krank. In Vence, der letzten Lebensstation, starb er am 2. März 1930. Sein Verleger Martin Secker veröffentlichte die erste Ausgabe der «Etruscian Places» 1932. Die erste deutsche Ausgabe erschien 1955 im Arche Verlag. Die letzte Neuausgabe edierte Klaus Wagenbach 1999 in einer illustrierten Taschenbuchausgabe mit einem Vorwort von Anthony Burgess.

Viele Reisende heute nehmen diese Ausgabe mit, wenn sie zu den Orten und Nekropolen der Etrusker aufbrechen. Sie finden Unterkünfte, Ristoranti, Cafés. Die Italiener kommen ihnen freundlich entgegen. Die Museen sind wohlgeordnet, die Tomben hellerleuchtet. Ein Berg archäologischer und kunstwissenschaftlicher Bücher liegt vor, daneben Bildbände, Reproduktionen, Video-Kassetten. Die «Etruskischen Orte» von D. H. Lawrence bleiben dennoch lesenswert. Seine eigenwillige Interpretation ist ebenso mitreißend wie die Sprache seiner mehr gesprochenen als getippten Prosa. Die Leser werden übereinstimmen mit Anthony Burgess, der ihre Lektüre, «fast ehrfurchtgebietend», «äußerst lehrreich, brillant, unterhaltsam und ergreifend» rühmt.

Mit dem Postschiff

Die Aegilium, das neue weiße Postschiff, das sechzehn Uhr dreißig von Porto Santo Stefano abfuhr, näherte sich zur Dämmerung der Insel. Eine Wolke rauchte aus dem Bergkegel; unten, wo der Hafen lag, warfen zwei Leuchtfeuer ihre Lichttaue ins Wasser, den auf und niedersteigenden Bug zu fassen.

Die Bank, auf der sie saß, hob und senkte sich mit. Der Italiener und die zwei Kinder, drei-, vierjährige Mädchen, die in seinen Armbeugen lehnten, hoben und senkten sich mit; und vorn, an der Reling, der Priester und die Seminaristen – die gestikulierten, redeten und nach jedem Satzende einen Grund fanden zu lachen – hoben und senkten sich mit.

Als ihr Streichholz verlöscht war, hielt der Italiener sein Feuerzeug herüber, eine ruhige, senkrechte Flamme, die seine gekrümmten Hände vor dem Seewind schützten. Die schwarzen Pupillen der Mädchen sahen herauf; seine Augen sahen herab – in ihren Halsausschnitt. Sie setzte sich aufrecht. Sie dankte.

Später, als die Mädchen wegsahen, geradeaus, den Blinklichtern entgegen und den Fenstern der Häuser, die sich näherten und vermehrten, fragte er, warum sie auf die Insel fahre.

Sie wolle sich erholen, sagte sie. Im Albergo La Pergola werde sie erwartet. So konnten von vornherein keine Zweifel aufkommen. Er sagte, es sei ein guter Albergo. Das Essen sei gut, die Betten auch – man könne den Albergo La Pergola schon sehen. Dort! Rechts über der Mole das langgestreckte Gebäude mit den Lampen über der Terrasse! Aber jetzt seien nicht mehr viel Fremde da; ein englisches Paar, ein Franzose und ein Deutscher oder ein Holländer, ein blonder, der immer Bücher lese.

Also war Bernhard schon registriert. Sie lächelte, weil die Italiener waren, wie Bernhard zu Hause gesagt hatte; so neugierig, so allwissend. Bernhard kannte die Italiener; er hatte in Rom studiert.

Der Italiener sagte, im Frühling müsse sie auf die Insel kommen. Im Frühling sei es schöner. Im Frühling blühe der Mastix, und das Klima sei gut. Jetzt sei der Sommer vorbei. Zu kalt schon… nicht gut… nicht gut. Er sprach mit einer rauhen Stimme. Nicht immer nahm er die Zigarette aus dem Mund, während er sprach. Aber sie freute sich, dass sie fast alles, was er sagte, verstand.

Die Mädchen schlüpften aus seinen Armen und gingen steifbeinig zum Geländer. Allein, ohne dass die Lücke zwischen ihnen ausgefüllt war, saß er neben ihr.

«Noch zwanzig Minuten», sagte er.

«So lange? Die Insel ist doch schon ganz nahe.»

«Es täuscht, Signorina. Es täuscht! Ich weiß es, ich bin auf der Insel zu Hause.»

Es war besser, wenn er sprach. Sein Blick, der sie betastete, war abgelenkt. Sie zeigte auf die Mädchen und sagte: «Sie sind nett.»

Er sagte: «Sie gehören mir.»

«Und wie heißen sie?»

«Sie heißen Angelina und Sandra.»

Sie sagte: «Angelina und Sandra, schöne Namen. I nomi italiani sono belli!»

Es machte ihr keine Mühe, solche einfachen Sätze, die sie vor dem Urlaub gelernt hatte, zu sagen:

«I nomi italiani sono belli!»

Er sagte: «Ich habe Angelina und Sandra auf dem Markt von Orbetello neue Kleider gekauft –»

Es waren weiße Musselinkleidchen mit abstehenden, gestärkten Röckchen, die in der Dämmerung leuchteten wie Brautschleier in der Kirche. Gewiss nicht die geeignete Bekleidung für den Abend über dem Wasser. Aber vielleicht waren italienische Mädchen frühzeitig abgehärtet.

«Schöne Kleidchen», sagte er.

«Ja, sehr schöne Kleidchen. Belle vestine!»

«Ich habe sie für Trauben gekauft!»

Als der Italiener nicht mehr sprach, spürte sie den Blick auf den Knien. Sie zupfte den Rock darüber und sagte nochmals: «Belle vestine!», um das Gespräch wieder in Gang zu bringen.

Er sagte: «Angelina und Sandra haben keine Mama.»

Sie sah zu den Mädchen und den Seminaristen, die ihren Priester wie Fledermäuse umflatterten. Sein Blick war weg. Sie konnte wagen, zu ihm hinüber zu sehen. Das Licht von der Kommandobrücke fiel auf seine Füße. Die Zehen krümmten sich über den Holzsohlen. Er trug Sandalen mit aufgenagelten Leinenbändern, wie die jungen Burschen in Porto Santo Stefano sie getragen hatten; schwarzhaarige Jungen in zebragestreiften Pullovern, die sie im Café und auf dem Weg zum Schiff wie Piraten umringt hatten.

«Vor drei Monaten ist ihre Mama gestorben. Sie war krank. Ein Jahr lang krank.»

So reich war ihr Wortschatz nicht, Teilnahme zu bezeugen. Sie schwieg. Er schwieg. Die Blinklichter blinkten – grün, rot, grün, rot –, und zwischen den unruhigen Lichtsignalen hielt die beständige Kette der lichtgelben Fenster.

Er sagte: «Bleiben Sie auf der Insel. Bleiben Sie bei mir. Bei Angelina und Sandra.» Es bestand kein Zweifel: «Resti nell'isola! Resti con me!» sagte er.

Wie gut, die Zigarette war eben zu Ende. Sie konnte die Kippe zertreten, hinabsehen, aufstehen, zur Reling hingehen, in die Nähe des Priesters, der mit weitausholenden Gesten seinen Schülern irgend etwas Wissenswertes von der Insel erzählte. Angelina und Sandra wichen zurück vor ihrer Hand, die ihr Haar streicheln wollte, weil sie vielleicht bereute, ihren Papa allein auf der Bank zurückgelassen zu haben.

Schon war der Sitz der sich drehenden Leuchtfeuer zu ahnen: Zwei stumpfe Metalltürme, die rechts und links die Hafeneinfahrt flankierten. Zwischen den Vierecken der Fenster schrieben Neonschriften deutlich lesbar «*Bar*» und «*Café*», und eine blaue Neonschrift schrieb «*Caracas*». Stimmen waren zu hören und die Wartenden zu sehen, dicht gedrängt auf der Mole. Über den Köpfen winkte jemand. Bernhard sicher.

Sie winkte zurück.

Die Sirene brüllte. Es war Zeit, zum Unterdeck hinabzusteigen, wo sie bei der Abfahrt die Koffer hingestellt hatte. Andere Koffer waren daneben und darüber gestapelt worden.

Sie hob sie beiseite. Als sie ihren ersten Koffer am Griff nahm, fasste der Italiener mit zu.

«Prego –»

Er stand unter dem braunen Deckenlicht und lachte sie mit seinen weißen, ebenmäßigen Zähnen an. Er war kleiner, als sie gedacht hatte. Breit, kräftig. Er trug eine blaue Jacke und ein weißes Hemd, das drei Knöpfe tief offen war. Angelina und Sandra hingen an seinen Taschen und blickten hinab zu dem fremden, wuchtigen Koffer, den ihr Papa sich angeeignet hatte.

«Grazie –»

Er wollte auch ihren zweiten Koffer, den kleineren, abnehmen, aber sie dankte abweisender. Er zog die Hand zurück.

Die anderen Passagiere hatten sich zur Absperrkette gedrängt, nur der Priester und die Seminaristen donnerten eben erst die Eisentreppe herab.

Er machte nochmals einen Versuch, den zweiten Koffer, den kleineren, wegzunehmen. Er legte seine Hand um den Griff, aber auch sie ließ ihre Hand liegen, und seine Hand deckte ihre Hand zu.

Sie erschrak, als der uniformierte Seemann am Ende des Laufstegs das Billett verlangte. Gleich hinter dem Seemann, in der vorderen Reihe der Wartenden, stand Bernhard. Er begrüßte sie, aber der Druck seiner Hand war nicht so, wie sie ihn in Erinnerung hatte.

Postkarten aus Rom

Derselbe Mond, der gestern über dem Hinterhof in Köln schwebte, schwebt nun über der Piazza Navona in Rom.

Rom ist nicht mehr Rom, die Katzen vom Pantheon sind fort: «… Roms älteste Bewohner, adlig und geheimnisvoll.» Wolfgang Koeppen, Marie Luise Kaschnitz, Günter Eich, Ingeborg Bachmann haben sie noch beschrieben. Nun ist die steinerne Mulde links vom Portikus leer. Dort hatten sie ihre Wohnung. Dort räkelten sie sich im Sonnenlicht und blieben ungerührt vom Klicken der Photoapparate. Alte Frauen kamen am Morgen und Abend, Futter zu bringen.

Wer hat sie vertrieben? Ein Erlass des Kapitols oder der Kirche?

Dem Tiber sieht man sein Schicksal nicht an. An diesem späten Oktobertag strömt er flacher, trüber, farbloser als andere berühmte Flüsse, die ich kenne. Ich weiß, welche Verheerungen er anrichtete, wenn er anschwoll, in der Antike, im Mittelalter, im vorigen Jahrhundert noch. Auf ihm drangen feindliche Flotten bis zum Castello Sant'Angelo vor. Schlachten wurden ausgetragen. Päpste flüchteten in Barken nach Portus, und von da über das Meer.

Das leere, zerbeulte, nutzlose Schiff, das an einem Pfeiler des Ponte Vittorio Emmanuele hängt, macht die Ernüchterung nicht wett.

Katzen sehe ich in den Ruinen der Tempel und der Curia des Pompejus am Largo Argentina, den der Verkehr umbrandet. Andere Katzen hüten im Friedhof an der Cestius-Pyramide die Gräber der Protestanten, die dennoch Rom liebten und dort blieben bis zum Tod.

Hans Bender
auf der Via Appia, 1987.
Foto: Hans Georg Schwärk

Katzen, die traurigsten, sehe ich in einer Nebenstraße nahe der Villa Massimo. Unter den parkenden Autos leben sie; springen auf, wenn oben ein Fenster sich öffnet und eine Signora Abfälle herunterwirft. In der Nacht liegen sie eng umschlungen beisammen, um sich vor der Kälte zu schützen.

Heute sind auch diese Katzen fort. An der Einfahrt zur Piazza Bologna liegen zwei, plattgewalzt von Autoreifen; Kadaver, und stinken schon.

Ich steige hinab in Grotten, Mithräen, Katakomben, Krypten, die lang vor den Kirchen, erst recht vor den barocken Kirchen, da waren. Ich tauche ins Dunkel der Geschichte und schmecke den Rauch von Mysterien, die immer ein Geheimnis bleiben werden.

Die zerborstene Statue, das Fragment eines Freskos, die Farbsteine eines Mosaiks sind mir kostbarer als der Gips- und Marmorprunk von Sant'Andrea della Valle oder Il Gesù.

Hans, der Protestant aus Altpreußen, spottet über das Marienbild in der Kirche S. Maria Maggiore. Lukas, der Evangelist, soll es gemalt haben. Nein, das kann Hans nicht glauben.

Ich denke nach über diese beziehungsreiche Legende. Dem Evangelisten, der sich als Schriftsteller ausgewiesen hatte, übertrug man die zusätzliche Begabung als Maler. Ihm saßen – so sagt die Legende – Maria und das heilige Kind persönlich als Modelle gegenüber. Lukas schuf das authentische Bild. Für die Betrachter damals war es von höherem Wert als die vielen anderen, späteren Bilder, die Maria und das heilige Kind so eigenwillig und oft viel zu diesseitig darstellten.

Wer schreibt – auch das sagt die Legende – erzeugt Bilder; ebenso wie der, der malt. Nun konnte es auch keinen Disput mehr geben, welche Darstellung der anderen überlegen wäre. Wort und Bild wurden einander ebenbürtig.

Römische Wandmalerei in San Clemente

Ich denke an die flämischen Bilder des gleichen Themas. Rogier van der Weyden und Dirk Bouts haben sie gemalt. Maria und das heilige Kind sitzen ihnen im schönsten Raum ihres Hauses in

Tournai, Brüssel oder Lüttich gegenüber. Sie, die Maler selber, haben sich als St. Lukas porträtiert und damit bezeugt, wie ernst sie den Vorgang nahmen.

Vi preghiamo di visitare la Cappella del Caravaggio al termine della Santa Messa. (Tafel vor der Chorschranke in der Chiesa S. Maria del Popolo.)
    Ja, er verursacht noch immer Störungen, der Maler und Mörder. Heute, nach der Heiligen Messe, ist ein Professor aus den USA gekommen mit zehn Studentinnen. Laut und ungeniert, pedantisch geradezu, trägt er vor, was er über Caravaggio weiß oder gelesen hat. Die Studentinnen haben nichts bei sich als Hefte und Stifte und halten fest, was ihr Professor sagt. Sie schreiben und haben kaum Zeit, zu den drei Tafeln Caravaggios aufzuschauen. Schon gehen sie weiter, dem Eingang zu, ohne die Bilder der anderen Kapellen zu beachten.

Sich in Landschaftsgemälden verlieren; in Farben, Fernen, Illusionen, Utopien. Hier kann man es, vor der *einen* Wand in der Galleria Doria Pamphilj, wo Bilder von Claude Lorrain, Nicolas Poussin und anderer Maler des 17. Jahrhunderts, die ihnen nachstrebten, eng neben- und übereinander hängen. Ideale, heroische, pastorale Landschaften; schöner als die wirkliche Campagna oder die wirklichen Berge von Olevano oder Subiaco. Felder, Haine, Teiche, Bäche, Wasserfälle, Klöster, Tempel, Obeliske. Sonnenauf- und Sonnenuntergänge. Ein siebenfarbener Regenbogen nach dem Gewitter. Götter und Halbgötter, wie Ovid sie ersonnen hat. Hirten und Eremiten. Tiere und Menschen haben zurückgefunden ins Paradies.

Keine der Sehenswürdigkeiten besuche ich so oft wie die Villa Farnesina in Trastevere. Langsam gehe ich in der Gartenloggia und der Sala di Galatea an den Fresken Raffaels, Giulio Romanos, Francesco Pennis vorbei; steige die bequeme Treppe hinauf ins obere Stockwerk, zum Schlafgemach des ersten Eigentümers, des Bankiers Agostino Chigi. Sodoma hat dafür sein schönstes Fresko gemalt: «Hochzeit Alexanders des Großen mit Roxane.»

Auf einem Renaissancebett sitzt die Braut. Ein Amor hat sie halb entkleidet und zeigt auf die wohlgeformten Brüste. Alexander, der Bräutigam, ist eingetreten und hält Roxane zum Gruß die Krone hin. Hinter ihm sind zwei Knaben eingetreten. Auch sie sehen, in welche Situation eben ihr Feldherr und Gebieter gerät. Sie lächeln, sie malen sich aus, was nun geschehen wird. Hat Alexander nicht die Nacht zuvor mit ihnen das Bett geteilt und ihre Leiber umschlungen?

Sodoma, der Verderbte, hatte seinen Spaß an der delikaten Situation.

Immer wieder bilden sich Knäuel. Die Busse stocken. Die Autos stehen kreuz und quer. Selbst die Fußgänger haben sich, weil eine Barriere das Trottoir verengt, ineinander verheddert. Ein scharfes «Permesso!» zerteilt den Knäuel. Ich kann weitergehen, stolz auf die Wirkung eines italienischen Wortes.

Den Ponte Milvio will ich sehen! Seit Knabentagen kenne ich die Reproduktion von Raffaels Fresko in der Sala di Constantino im Vatikan. «Im Zeichen des Kreuzes» besiegt Konstantin das Heer des Maxentius und den Anführer selber. Kampfgetümmel, Pferdeleiber, Waffen. Verwundete oder tote Krieger stürzen von der Brücke und färben den Tiber rot mit ihrem Blut. Darüber strahlt das Wunder.

Eine ganz gewöhnliche Brücke ist der Ponte Milvio oder der «Ponte Molle», wie die Römer sagen, heute. Er ist für Fußgänger reserviert. Ein Jogger läuft mir entgegen. Ein unschöner Mann, keuchend und schwitzend. NIKE steht quer vor der Brust auf dem verwaschenen T-Shirt.

Mehr als die Busse, die Autos, die Taxen, gefällt mir die Tram. An der Via Nomentana steige ich ein, unbekümmert, wohin sie mich fahren wird, die Linie 13. In eigenwilligen Windungen gleiten die Wagen durch Straßen und Viertel, die ich nicht kenne. Studenten und Studentinnen steigen zu; Bücherbündel in die Armbeugen gepresst.

Im Norden endet die Linie 13 am Largo Preneste; im Süden an der Piazza San Giovanni di Dio.

Am dritten Samstagabend werde ich mitgerissen in den Strom zum Corso und seine rechten Seitenstraßen, die Via Frattina, Via Borgognona, Via Condotti, Via delle Carrozze, Via Vittoria: die Fußgänger- und Einkaufsstraßen von Rom. Boutique reiht sich an Boutique, und die Schaufenster stehen im Dunst erleuchtet wie Altäre des Konsums: Armani, Corneliani, Fenzi, Allegri, Missoni, Valentino, Versace, Trussardi, Zenga, die erfolgreichen Modeschöpfer Italiens, sind dort die Heiligen.

Ihre Artikel liegen nicht so gehäuft wie in den Schaufenstern daheim. Einzelstücke, wie achtlos hindrapiert, und wirken daher so kostbar und verführerisch: hier der zimtfarbene Cashmerepullover, das Sporthemd mit aufgenähten Brusttaschen, dort die Jacke aus Tweed oder Ziegenvelourleder und der Gürtel mit versilbertem Verschluss! Wer es gewagt hat, eine der Boutiquen zu betreten, beweist es mit dem wuchtigen Beutel, den er davonträgt. Doch nicht alle kaufen; sie begnügen sich zu wünschen, zu gehen, zu staunen; mitgetragen zu werden im Strom und Rausch des Konsums.

Die Spanische Treppe ist noch, wie früher, besetzt von jungen Leuten. Von oben bis unten belagern sie die Stufen und Terrassen und verbringen dort den Tag, untätig. Was wollen sie demonstrieren? Frust, Protest, Freiheit? Abneigung gegen die, die ringsum hektisch und gestresst ihren Geschäften nachgehen? Wahrscheinlich von jedem etwas. Selten hört oder sieht man die jungen Leute miteinander sprechen. Keiner spielt Gitarre. Keiner singt. Träumen sie? Sind sie high von Marihuana oder Haschisch? Stumm hocken sie nebeneinander, in Gruppen, zu dritt, zu zweit; manchmal allein. Politik interessiert sie gewiss nicht.

Der greise André Gide hinterließ der Jugend den Rat: Dem den Vorzug zu geben, was große Mühe bereitet. Davon sind die jungen Leute auf der Spanischen Treppe am weitesten entfernt. Sie ruhen, sie faulenzen. Sie sind ausgestiegen aus jeder Aktivität oder Anstrengung und glauben, gerade dadurch ihr Jungsein zu bekunden. Eine bleierne Tristesse beherrscht daher die Spanische Treppe und ihre schöne Architektur. Langsam gehe ich vorbei, geplagt von Fragen und Antworten, die mich nicht beruhigen.

Nicht Goethe, Gregorovius ist mein Guida durch die Ewige Stadt. Ich lese Band um Band seiner «Geschichte der Stadt Rom im Mittelalter» und setze mir in den Kopf, zu suchen, was übrig blieb von jener Zeit nach so vielen Eroberungen, Zerstörungen, Rebellionen, Korruptionen. Ich suche die Steine und Säulen, die man den antiken Monumenten weggenommen oder in neue Bauten eingefügt hat. Die Päpste haben sich dabei als Räuber und Schänder hervorgetan.

Im Tagebucheintrag vom 3. Oktober 1854 hielt Gregorovius den Ort und die Stunde fest, als er sich entschloss, sein Riesenwerk zu beginnen: «… ergriffen vom Anblick der Stadt, wie sich dieselbe von der Inselbrücke San Bartolomeo all'Isola darstellt.»

Ich schlage das Buch zu, stecke es ein, und eine Stunde später stehe ich selber auf der Brücke. Ich schaue hinüber nach Trastevere und hinauf zum Aventino. Otto III. hat dort eine Zeitlang residiert; im Kloster nebenan lebte Adalbert von Prag, als Mönch. Adalbert, der Apostel der Preußen, den die «wilden Preußen» erschlugen, dessen Taten und Tod die Bronzetür im Dom von Gnesen erzählt.

Über sie, den Kaiser und den Heiligen und ihre Freundschaft, schreibt Gregorovius mit Anteilnahme. «Diesem von ihm vergötterten Märtyrer hätte er gerne in aller Welt Tempel errichtet wie der Kaiser Hadrian seinem Liebling Antinous.» Etwas Antikes blinkt in der frommen Verehrung des Mittelalters auf. Die Römer haben die Basilika des Kaisers, Adalbert zu Ehren, nicht geliebt; sie haben sie umbenannt und umgebaut. Nur sechs Säulen des ersten Baues stehen noch und die Marmorfassung eines Brunnens, auf dem die abgegriffenen Reliefs des Kaisers und des Heiligen zu sehen sind.

Ich lese, ich schaue. Die Hochstimmung des Gregorovius an jenem Oktobertag im vorigen Jahrhundert hat mich erfasst. Sogar der Tiber, den die Insel hier in zwei Arme teilt, gebärdet sich jetzt wie ein Strom. Er rauscht und schäumt. Kühle weht herauf. Unten, auf dem Pfad entlang des Ufers, haben Liebespaare sich niedergelassen und erwarten wie ich den safranfarbenen Sonnenuntergang.

In jeder Galerie hängen zwei, drei Bilder von Giovanni Francesco Barbieri, detto Guercino. Bevor ich die Namensschilder lese, gehe ich auf sie zu. Die Farben ziehen mich an: Braun und Blau und Weiß; Licht und Schatten. Manchmal auch die schönen Gestalten; heilige Frauen meist. Die Bilder in der Pinacoteca Vaticana, neben denen von Caravaggio und Guido Reni, «La Maddalena» und «Santa Margherita da Cortona», bezeugen den höchsten Rang Guercinos.
Ich bin mit meiner Meinung und Wertung jedoch allein. Nicht mal die wollen mir beistimmen, die wissen, wie sich die Bologneser Schule von anderen Schulen unterscheidet. Mehr den Festlegungen der Kunstgeschichte – die Guercino herabsetzen, höchstens als Zeichner gelten lassen – vertrauen sie als den eigenen Augen. So ist es auch sonst. Als Einzelner kann man die petrifizierte Meinung der Vielen nicht verrücken.

An diesem Feiertag scheinen die Römer ihre Stadt nicht sehr zu lieben. Sie fehlen im Straßenbild. Sie sind ausgerissen in die Berge oder haben sich eingeschlossen in die dunklen Zimmer ihrer Palazzine. Verloren gehen die Touristen mit ihren Stadtplänen umher; oder sie sitzen, wie ich jetzt, vor dem zerknitterten Tischtuch, verstimmt über das geschmack- und lieblose Mittagsmahl, das eben ein verdünnter Espresso beschließt.

«Was machen wir? – Sehn wir die Altertümer dieser Stadt?» – Sebastian fragt so Antonio, den Schiffshauptmann, in der Komödie «Was ihr wollt». Nur ein Mal – in einer Inszenierung von Dieter Dorn in den Münchner Kammerspielen – habe ich den Zynismus mitgehört, der von Shakespeare wohl beabsichtigt war. Sebastians rhetorische Fragen bedeuten: Nichts sonst weiß ich mit dir anzufangen, du fremder, älterer, aufdringlicher Mann, der sich mehr um mich kümmert als mir lieb ist. Ich halte Ausschau nach ganz anderen Genüssen. Und wie erst würde ich mich vergnügen mit einer hübschen Gefährtin!

Die Besichtigung der Altertümer ist nicht die Erfüllung dessen, was wir wünschen. Ein Pflichtpensum, Gewohnheit, Ersatz. Altertümer und Subtraktionen ermüden. Zudem gibt es, gerade in Rom, viel zu viele Altertümer. Die gelangweilten Blicke der Touristen, die im Forum umhergehen, bestätigen es mir. Die «Reiseliteratur», worin sie blättern, vermittelt Namen, Daten, Maße; vielleicht auch Anekdoten, die nicht ausreichen, die Vergangenheit in der Phantasie wiedererstehen zu lassen. Sie, die Touristen, und ich, ahmen etwas nach, was uns nicht mehr so viel bedeutet wie den Bewunderern von Altertümern einer früheren Zeit.

Zum zweiten Mal, auf dem Weg zum Pincio, komme ich durch die Via Vittorio Veneto. Anders als vor 30 Jahren will sie mir erscheinen. Die Banken, die Büros, die Geschäfte, Restaurants und Cafés – auch das Café Doney, wo Hermann Kesten gern saß und schrieb – stehen wie entzaubert. Damals war es die Straße des «Dolce Vita». Hier spielten die Filme von Fellini und Antonioni weiter, bis nach Mitternacht. Die Stars waren zu sehen; schöne

Frauen und elegante Männer, die ihnen gleichen wollten. Teure Autos fuhren langsam auf und ab, und viele Sprachen drangen ans Ohr. Hat sich die Straße oder habe ich mich verändert? Anscheinend bin ich auf Ernüchterungen aus.

«Ein ungeheures Monstrum an Langeweile», lautete eine der letzten, verbitterten Aussagen Ennio Flaianos über sein Land und sein Volk. Wir, die nur als Besucher kommen, Italien lieben, Italien zu ergründen versuchen, wollen uns so böse Gedanken nicht erlauben.

Und doch, in manchen Stunden, wenn wir als Fremde hier umhergehen, sitzen, stehen, warten, beobachten, will es, dieses Monstrum, uns gleichfalls überfallen.

Am Campo de' Fiori denke ich an Ingeborg Bachmann und ihre Prosa «Was ich in Rom sah und hörte» – und an das eindringliche Bild, das sie beobachtet und beschrieben hat: Samstagmittag. Der Markt geht zuende. Die Händler tragen die Abfälle vor das Denkmal des Giordano Bruno und entzünden sie. Flammen drehen sich in der Luft, Rauch steigt auf. Er wird wieder verbrannt, immer, der «Ketzer», der lieber sterben als widerrufen wollte.

Ich sitze an einem der Tische am Campo de' Fiori. Ich esse, trinke, warte; ich will sehen, wie an diesem Samstagmittag der Markt zuende geht. Die Händler haben mit dem Abräumen und Verladen begonnen, und schon sind zwei Müllwagen aufgefahren und ein Bulldozer, der mit seiner Riesenschaufel die Abfälle zusammenscharrt, hin zu den Rampen der Müllwagen, über denen blinkende Greifzähne die Kisten und Kartons und alle anderen Reste unter Getöse zermalmen und verschlucken.

Kein Rauch steigt auf. Lärm und Abgase umbranden Giordano Brunos Bronzegestalt. Nur in Ingeborg Bachmanns Prosa und in meiner Erinnerung lebt das sinnreiche Bild nun fort.

Ettore Ferrari:
Monumento a Giordano Bruno,
Bronze, 1889,
Campo de' Fiori

«… Rom diese Stadt, die mich absolut nichts angeht, die ich nie werde begreifen können, weil sie mir missfällt. Das ist keine Stadt, das ist ein Biwak aus Trümmern.» Ich denke an die Zeilen von Ennio Flaiano, als Reisebusse vorüberfahren, hin und her in der antiken und modernen Stadt. Touristen oder Pilger auf Sightseeing-Tour. Durch große Scheiben sehen sie hinaus und hören dabei, was die Reiseleiter/innen erzählen. Ihnen gefällt die Ewige Stadt, und solang sie leben, werden sie von ihren Eindrücken schwärmen.

Wieder, wie beim Rom-Aufenthalt vor vier Jahren, sehen wir in der stimmungsvollen Via del Pellegrino die Wahrsagerinnen an kleinen Tischen sitzen, auf denen die Spielkarten und Würfel bereitliegen. Sie gefallen uns, und eine Alte, schwarzhaarig, mit funkelnden Ketten behangen, will uns an Ulrica erinnern, die Wahrsagerin aus «Ein Maskenball». Ohne uns zu verständigen beschleunigen wir dennoch die Schritte. Nicht die Prophezeiungen der Wahrsagerinnen fürchten wir, sondern ihre Honorare.

Die längste Aufzeichnung in Gustaw Herlings *Tagebuch bei Nacht geschrieben* handelt von Giordano Bruno. Nacheinander erzählt sie das Leben des Häretikers und seinen Aufstand gegen die Dogmen und die Inquisition; schließlich seine Hinrichtung auf dem Scheiterhaufen, 1600, auf dem Campo de' Fiori, wo heute sein Denkmal an das Geschehen erinnert. Herlings Beschreibung blendet hinüber zu einem zweiten Schauplatz und einer anderen Gestalt: «In einer Taverne an der Straßenecke zur Piazza Farnese stürzte Caravaggio den Rotwein becherweise hinunter, als läge ihm daran, sich rasch zu berauschen. Der Meister von Licht und Schatten in der Malerei starrte mit trübem, vielleicht auch tränenverhangenem Blick auf das Feuer …»

Tatsächlich, es lässt sich belegen, dass Caravaggio, 27 Jahre alt, zur selben Zeit in Rom lebte. Er war, beweist die Namensliste, Mitglied der Accademia di San Luca. Auch mit handgreiflichen Streitigkeiten hatte er schon von sich reden gemacht. Er wohnte im Haus des Kardinals Francesco Maria del Monte, hatte Aufträge genug, war um 1600 dabei, den größten Auftrag zu erfüllen, drei Gemälde auf Leinwand zur Ausschmückung der Cappella Contarelli in der Kirche San Luigi dei Francesi. Auch das Thema hatten die geistlichen Auftraggeber bestimmt: die Berufung des Matthäus, sein Martyrium, Matthäus, dem ein Engel das Evangelium diktiert. Die drei Gemälde, erst recht ihre korrigierten Fassungen, beweisen: Der junge, geniale Maler hat die Vorschriften und Erwartungen der geistlichen Herren nicht erfüllt. So realistisch, so grausam, so sinnlich wollten sie die Gestalten und Vorgänge des Neuen Testaments nicht sehen!

Caravaggio war kein Theologe, kein Häretiker, kein Apostat. Es gibt keine Belege über sein Verhalten zum Autodafé Giordano Brunos auf dem Campo de' Fiori. Er probte den Aufstand als Maler. Auch andere Maler seiner Zeit erhoben sich, mitgerissen von seinem Vorbild, gegen den Kanon der Gegenreformation und die konventionellen Erwartungen der Besteller. Die Verschrän-

Michelangelo Merisi da Caravaggio
Berufung des Matthäus
Rom, San Luigi dei Francesi

kung, die Gustaw Herling riskierte, ist glaubwürdig. Schade, dass er seine lange Aufzeichnung nicht ausgeführt und, was wohl seine Absicht war, als Novelle geformt hat.

Sonnenuntergang in Rom Foto: Walter Hörner

In Rom sah ich Sonnenuntergänge wie in keiner anderen der großen Städte. Den allerschönsten an einem Abend Anfang November, bevor die Regentage einsetzten. Ich lehnte mich über die Balustrade der Spanischen Treppe, oben, die Chiesa Santissima Trinità dei Monti im Rücken. Kann man diesen Sonnenuntergang beschreiben? Welche Adjektive wählen für diese Farben? Darf man so wie der Himmel mit der Sprache prunken? – Heute, zweieinhalb Jahre später, finde ich die Beschreibung eines römischen Sonnenuntergangs in einem Tagebuchfragment von Giorgio Bassani. Gleichfalls von der Spanischen Treppe aus hat er «den zauberhaften Sonnenuntergang» festgehalten: «... der so intensiv und scharlachrot leuchtet, wie ich ihn nie gesehen habe; Streifen reinen Himmels, so groß wie die Iris mancher Mädchenaugen, öffnen sich zart zwischen Flammen-roten Wolken.»

Die Aufzeichnung, die ich selber nicht wagte, hat ein anderer Dichter ausgeführt.

Spanische Treppe in Rom

Gedenken an Armin T. Wegner

Als ich in Rom mich aufhielt, lud Armin T. Wegner mich ein, ihn zu besuchen in seiner Wohnung im Viale di Quattro Venti 102. Wir waren uns vorher schon begegnet, in Köln, in Wuppertal-Elberfeld. Ich hatte über ihn geschrieben in der *Deutschen Zeitung und Wirtschaftszeitung* und in den *Akzenten* sein expressionistisches *Lied aus der blutigen Stadt Berlin* veröffentlicht. Als Wuppertal ihm 1962 den Eduard-von-der-Heydt-Preis verlieh, hielt ich die Laudatio. Ich rühmte ihn, wie er's verdiente. Er war als junger Mann dem Nazismus, Hitler persönlich in einem Brief entgegengetreten und wurde unerbittlich dafür gestraft mit Folterungen und Kerkerhaft. Er wurde ausgestoßen aus dem Land seiner Sprache und Dichtung. 1945 wurde er für tot erklärt. Unvergessen seine Fürsprache für das armenische Volk.

Ich will jedoch nicht sein Leben repetieren, sondern erzählen, wie damals, im Herbst 1977, mein Besuch bei Armin T. Wegner verlief. Ich war an jenem Nachmittag, wie immer, wenn wir zusammenkamen, mehr Zuhörer als Erzähler. Es gab Erfreuliches zu berichten. In Jerusalem hatte man ihn eingeladen, im *Wald der Gerechten der Völker* einen Baum zu pflanzen. In Eriwan hatte man eine Straße nach ihm benannt. Der Peter Hammer Verlag hatte begonnen, seine Gedichte und Erzählungen in Neuausgaben zu publizieren. Sein Zimmer, das uns umgab, werde man nach seinem Tod in der Stadtbibliothek von Elberfeld als Gedenkzimmer erhalten. Nach zwei, drei Stunden holte uns seine Frau Irene Kowaliska in ihr Zimmer zum Tee. Immer, wenn ich gehen wollte, hielt er mich zurück. Als ich schließlich ging, begleitete er mich, aber wählte einen anderen Weg als den, den ich gekommen war.

Die Balustrade vor dem Eingang zur Kirche Santissima Trinità dei Monti war sein Ziel. Von dort schaut man in der Dunkelheit hinab zur beleuchteten Spanischen Treppe und hinüber nach Westen, wo über den Dächern die angestrahlte Kuppel von St. Peter schwebt. Er wünsche, sagte Wegner, dass wir Bruderschaft schlössen. «Ich heiße Armin.» Darauf sagte ich – wahrscheinlich etwas verschämt – meinen Vornamen. Wir umarmten uns, wie es zur Zeremonie gehört. Ein Erlebnis, das ich nicht vergessen will. Armin T. Wegner hat damit nicht nur seine Sympathie bekundet, er hat dafür auch den Schauplatz gewählt. Einen der stimmungsvollsten, schönsten Plätze und Ausblicke von Rom. Zudem war es unser letztes Zusammensein. Er starb zwei Jahre später, zweiundneunzigjährig.

Armin T. Wegner (1886–1978)

In der Villa Massimo

«Das kleine Aquarell von Hildegard Fuhrer erinnert an meine
halkyonischen Tage in Rom, als ich der Malerin im Park
der Villa Massimo zusehen konnte»

Mit Max Beckschäfer im Teatro dell'Opera

Max Beckschäfer, nehme ich mit, den jungen Komponisten aus München, Stipendiat der Villa Massimo. Es ist schöner, zu zweit eine Oper zu erleben als allein. Früher als andere Besucher sind wir da. Wir haben uns, wie es sich zu einer Premiere gehört, korrekt gekleidet; dunkle Jacken, Krawatten sogar; ganz im Gegensatz zu den anderen Besuchern, die jetzt nach und nach kommen, in Wintermänteln, mit Schirmen und Regenhäuten behängt. Sie geben sie nicht an der Garderobe ab, nehmen sie mit hinein ins Theater, legen sie über die Lehnen davor oder daneben. Tatsächlich, die Parkettsessel sind nur zu einem Viertel besetzt; die Logen in den Rängen fast leer. Als die Lampen verlöschen, rücken wir vor in die dritte Reihe und sehen nun ganz nah, wie Rostropowitsch sich dreht und windet, dem römischen Orchester altrussischen Klang, abzuringen. Die Handlung bleibt ein Geheimnis, aber auch die Veränderung, die während der Aufführung im Opernhaus sich vollzieht. Es füllt sich nach dem ersten, noch mehr nach dem zweiten Akt; und als nach der Pause der dritte Akt beginnt, sind alle Sessel besetzt, als lohne allein der dritte Akt, gehört und gesehen zu werden. Die russische Produktion hat die Besucher nicht, was eher zu erwarten war, verjagt, sondern sie herbeigelockt. Der Applaus ist lang und heftig. Was wir uns nicht erklären konnten, erklärte mir Alice Vollenweider, als ich ihr meine Beobachtungen schilderte. Sie sagte: «Nun, sie saßen zu Hause oder im Ristorante beim Abendessen — und das hat sich lang hingezogen.» Früher, als ich noch idealistischer gesonnen war, hätte das Verhalten der Italiener mich empört. Heute bin ich so streng nicht mehr. Man soll die Genüsse des Gaumens, meine ich, von den Genüssen der Musik so puritanisch nicht scheiden. Wer sich am Essen erfreut, darf sich mit dem dritten Akt begnügen.

Capri
La grotta azzurra

«Das Wasser aber blieb mir wunderbar, und mir schwindelte darin, denn wenn die Wellen etwas ruhten, war es mir gerade als schwömme ich im unabsehbaren blauen Himmel. Ein banges Entzücken durchzitterte mich, und ich rief meinen Gefährten zu: Bei allem was schön ist, kommt wieder herein; denn wenn nichts in der Grotte ist als das himmlische Wasser, bleibt sie dennoch das Wunder der Welt!»

Heinrich Jakob Fried (1802–1870)

Das Wunder der Welt – die Blaue Grotte von Capri ist gemeint. Nach vielen Jahrhunderten hat es einer gewagt, durch das enge Schlupfloch, das knapp über dem Meeresspiegel liegt, hineinzuschwimmen. Entgegen den Warnungen der anderen, entgegen vor allem dem Aberglauben der Bewohner von Capri, welcher die Grotte mit Haifischen, Sirenen und Tritonen bevölkert hatte. Der unerschrockene Schwimmer war August Kopisch, ein Maler und Dichter aus Breslau, der ein paar Tage vorher zum ersten Mal auf die Insel gekommen war, von der geheimnisvollen Grotte an der nordwestlichen Felsenküste gehört hatte und sie eben in Augenschein nahm; genauer am 17. August des Jahres 1826 sie wieder entdeckte, und damit allen denen erschloss die in den folgenden Jahrzehnten gekommen sind in dem immer mehr anschwellenden Strom der Touristen.

August Kopisch war nicht allein. Sein Zuruf «Kommt wieder herein!» galt seinem deutschen Freund Ernst Fries, einem Maler aus Heidelberg, der als Frühvollendeter in der Geschichte der romantischen Malerei einen Namen hat.

Und der Zuruf galt einem Italiener: Don Giuseppe Pagano, einem Notar aus dem Ort Capri, der, um sein Einkommen aufzubessern, auch Zimmer vermietete. Die zwei nämlich, Fries und Pagano, wollten gerade aus der Grotte flüchten, weil der Rauch des Pechfeuers, das sie auf einer Kufe vor sich hergeschoben hatten, ihnen in die Augen biss und sie das, was die Grotte zum «Wunder» machte, zunächst gar nicht sehen konnten: das hellblaue Wasser und dessen das Gewölbe überziehenden Widerschein. Doch sie folgten dem Ruf, schwammen zurück und stimmten mit ein in das Entzücken. Auch zwei andere Capresen, die im Boot gewartet hatten, wagten es nun, hineinzuschwimmen: Angelo Ferraro, ein Eseltreiber und Fischer, der seiner Locken wegen «Il Riccio» genannt wurde; und Michele Pagano, der kleine Sohn des Giuseppe Pagano: Unterdes hatten der kleine Pagano und der Eseltreiber die Barken draußen anderen Schiffern übergeben und schwammen nun jubelnd herein und jauchzten im prächtigen Wasser der Grotte herum; sie nahmen sich aus wie schwarze Dämonen. Wo sie hinschlugen, sprühten blaue Funken.

August Kopisch hat in seiner Prosa «Entdeckung der blauen Grotte auf der Insel Capri» später alle diese Vorgänge des 17. August 1826 festgehalten. Schon am Abend des 17. August notierte er in das Fremdenbuch seines Gastgebers Giuseppe Pagano, wie die Wiederentdeckung des Weltwunders vor sich gegangen war.

Pagano selber hatte wohl Kopisch das Buch hingelegt und ihn gebeten, den Bericht so abzufassen, dass er in Zukunft möglichst viele andere in diese Grotte locke. Liebenswürdig, wie Kopisch auch sonst war, erfüllte er diesen Wunsch. Er schrieb:

«Freunde wunderbarer Naturschönheiten mache ich auf eine von mir nach den Angaben unseres Wirts Giuseppe Pagano mit ihm und Herrn Fries entdeckte Grotte aufmerksam, welche furchtbarer Aberglaube jahrhundertelang nicht zu besuchen wagte. Bis jetzt ist sie nur für gute Schwimmer zugänglich; wenn das Meer ganz ruhig ist, dann gelingt es wohl, mit einem Nachen einzudringen, doch ist dies gefährlich, weil die geringste sich erhebende Luft das Wiederherauskommen unmöglich machen würde. Wir benannten diese Grotte die blaue (la grotta azzurra), weil das Licht aus der Tiefe des Meeres ihren weiten Raum blau erleuchtet. Man wird sich sonderbar überrascht finden, das Wasser blauem Feuer ähnlich die Grotte füllen zu sehen; jede Welle scheint eine Flamme ... Sie ist des Morgens am schönsten weil Nachmittags das Tageslicht stärker und störender hineinfällt und der wunderbare Zauber dadurch gemildert wird. Der malerische Eindruck wird noch erhöht, wenn man, wie wir, mit flammenden Pechpfannen hineinschwimmt.»

Mit der Eintragung in Don Paganos «Fremdenbuch» war die Wiederentdeckung der «Blauen Grotte» für alle Zelten dokumentiert. Ihr anziehender Name war gefunden, praktische Ratschläge waren erteilt, um sie in ihrem «Wunderbaren Zauber» erleben zu können.

Die Fremden kamen tatsächlich, und weil sie in jenen ersten Jahren des vorigen Jahrhunderts sowieso alle bei Guiseppe Pagano wohnten, wurde der Besuch der Blauen Grotte fast obligatorisch und vollzog sich auch weniger gefährlich als beim ersten Mal. Guiseppe Pagano selber ließ ein Boot zimmern, das geeignet war, durchs enge Felsenloch zu dringen.

Ein irdisches Paradies

«Ein Kleinod», «ein Edelstein», «die Zauberinsel», «Gottes Meisterwerk», «ein irdisches Paradies» und «einer der schönsten Orte der Welt» schwärmten und schrieben Besucher und Bewohner der Insel Capri. Wer sie jedoch nur im Tagesausflug mitnimmt, in die Blaue Grotte schlüpft, durch die Villa San Michele und die Gärten des Augustus hastet, darf nicht sagen, er habe Capri erlebt. Länger muss man dort weilen, sich umsehen, in den Trattorien essen und trinken, mit den Einwohnern sprechen und sich befreunden. Man sollte wissen, wer in den Häusern wohnte, was die Ruinen und Inschriften, die Grotten und Kirchen, die Denkmäler und Grabsteine erzählen. Man muss über Capri lesen.

Vor 200 Jahren begann Capri die Reisenden aus dem Norden anzulocken. Noch kamen sie nicht in Massen, sondern als Einzelgänger oder Sonderlinge mit anachoretischen Sehnsüchten. Von Anfang an waren die Deutschen in der Überzahl. Die Berichte der ersten Besucher zogen wiederum andere an. Deutsche lebten dort Ende des Jahrhunderts wie eine «Kolonie». Sie hatten ihren bevorzugten Albergo, ihr Stamm-Café, ihre Zusammenkünfte. Die Hauptstraße im Städtchen Capri hieß Via Hohenzollern. «Nixe», ein Dampfschiff des Norddeutschen Lloyd, transportierte die Reisenden von Neapel her und zurück. Es gab 1902 die «Krupp-Affäre». Sie jedoch hat nur verleumderische Zeitungsartikel verursacht; keine Literatur.

Goethe, der italiensüchtige Deutsche schlechthin, hat vor Capri beinahe Schiffbruch erlitten. Sein Brief vom 14. Mai 1787 in der «Italienischen Reise» berichtet die dramatische Situation. Friedrich Weinbrenner und Karl Friedrich Schinkel, Architekten des Klassizismus, Palladio-Bewunderer, Carl Gustav Carus, Arzt, Naturforscher, Maler, lieferten die Beschreibungen, die Goethe schuldig

Blick von Anacapri auf den Hafen
Foto: Walter Hörner

blieb. Sie sahen Capri noch als Ideallandschaft; bewunderten die Aussichten zum Himmel und Meer und erfreuten sich am einfachen Leben der Fischer und Weinbauern, ihrer Frauen und Kinder.

Capri wäre ein stillerer Ort geblieben, wären nicht zwei junge Männer, sportlich trainierte zudem, aus Deutschland gekommen: August Kopisch, der Schriftsteller und Maler aus Breslau, und Ernst Fries, der Maler aus Heidelberg. Am 28. August 1826 wagten sie es, gegen die Warnungen und Ängste der Capresen, in die seit den Tagen des Tiberius gemiedene Grotte der nördlichen Felswand einzudringen, sogar darin umherzuschwimmen. Sie entdeckten die «Grotta Azzurra», die Blaue Grotte. Sie gaben der Insel, erfüllt von blauem Wasser und blauem Licht, ein «Wunder» hinzu und der Epoche der Romantik ein zusätzliches Symbol.

Drei Italiener hatten es gewagt, Kopisch und Fries in die Grotte zu folgen, und durften daher als Mitentdecker gelten: Giuseppe

Pagano, sein kleiner Sohn Michele und Angelo Ferrero, ein Fischer und Eseltreiber. Vater und Sohn Pagano unterhielten nicht nur den angenehmsten Albergo in Capri, sie bezeugten den deutschen Gästen auch mehr Sympathie als anderen. Vor allem Dichter kamen: August von Platen und Wilhelm Waiblinger, Victor von Scheffel und Felix Dahn, Emmanuel Geibel und Paul Heyse, Hermann Allmers und Hermann Lingg. Der junge Komponist Felix Mendelssohn machte, weil es jetzt zur Bildungsreise gehörte, auf Capri Station. Ferdinand Gregorovius, der Historiker, reiste in Italien von Provinz zu Provinz und gab die erste gründliche deutsche Beschreibung der Insel und ihrer Bewohner. Ernst Haeckel, noch schwankend zwischen Naturwissenschaft und Malerei, schickte lange, begeisterte Briefe nach Hause.

Gegen Ende des Jahrhunderts kam ein zweiter Strom junger Dichter und Schriftsteller aus Deutschland. Gerhart und Carl Hauptmann, die ungleichen Brüder, logierten im Albergo Pagano. Sie litten unter den viel zu vielen Deutschen, die, angefeuert vom Sieg über Frankreich und der Prosperität des Kaiserreiches, zu laut und chauvinistisch sich gebärdeten. Für Gerhart Hauptmann blieb der Aufenthalt dennoch ein «Abenteuer» seiner Jugend. Er genoss «Wärme, Farbe und Glanz» des Bades im Meer und berauschte sich an ersten dichterischen Plänen. Otto Julius Bierbaum, der gern parodierte, was anderen gefiel, verlegte ein paar Kapitel seines satirischen Bildungsromans «Prinz Kuckuck» nach Capri. Hanns Heinz Ewers, schon früh auf Sensationen aus, «entdeckte», um mit Kopisch zu konkurrieren, die «Grotta Meravigliosa», doch hinterher kam heraus: sie war bereits entdeckt. August Weber war einer von mehreren Deutschen, die auf Capri hängenblieben, um dort ihr Leben als Außenseiter oder Aussteiger zu verwirklichen. Claretta Cerio, die Enkelin, hat Webers Biographie nacherzählt. Ein unübersehbarer deutscher Capri-Sonderling: Karl Diefenbach, Schöpfer schwarzbrauner Kolossalgemälde, die mehr Verwunderung als Bewunderung erregten. Auch der Eremit auf Capri war ein Deutscher: 1906 kam Rainer Maria Rilke und blieb ein paar Monate.

Er wohnte komfortabel in der Villa Discopoli, ging hin und her, schrieb Gedichte, Prosastücke, Briefe, vor allem Briefe, um seiner Frau und seinen Freundinnen mitzuteilen, was er auf Capri empfand. Ihm ersetzte die Insel Griechenland: «Denn es kann keine Landschaft griechischer sein, kein Meer von antiken Weiten erfüllter als Land und Meer, wie ich sie auf meinen Wegen in Anacapri zu schauen und zu erfahren bekomme.» «Uraltes Wehn vom Meer», beginnt eines seiner Gedichte. Oskar Loerke, Walter Benjamin, Ludwig Renn, Harry Graf Kessler waren prominente Capri-Besucher der folgenden Jahre. Marguerite Hoffmann, die Freundin Melchior Lechters, blieb auf der Insel zurück. Theodor Däubler, pathetisch-hymnischer Verfasser des «Nordlichts», liebte Capri, doch die Beschreibung in Gedichten und Prosa blieb er schuldig; das Tagebuch, dem Werner Helwig auf der Spur zu sein schien, muss wohl als verschollen gelten.

«Von Gorki soll ich Dich sehr grüßen», schrieb Rilke im Brief an Ellen Key vom 18. 4. 1907. Neben den Deutschen hatten sich damals Russen auf Capri gesammelt. Die gescheiterte Revolution von 1905 hatte sie aus dem Zarenreich vertrieben: Gorki, der die Andrejewa, eine schöne Schauspielerin des Stanislawskij-Ensembles, mitgebracht hatte; Revolutionäre, Maler und Dichter, unter denen sich Anatoli Lunatscharski und Leonid Andrejew hervorhoben. Die Russen verbrachten die Tage nicht nur beim Schachspiel; sie diskutierten, agitierten, gründeten sogar eine «Schule der Partei» und holten sich zwanzig Arbeiter aus ihrer Heimat als Hörer. Zweimal, 1908 und 1910, kam Wladimir Iljitsch Lenin zu Besuch. Gorki und andere haben seinen Auftritt beschrieben: «Auf Capri gab es einen anderen Lenin, den prachtvollen Kameraden, den fröhlichen Menschen mit lebendigem, unermüdlichem Interesse für die Capresen und ihr Leben.» Vier Jahrzehnte später haben es ihm die Capresen gedankt; sie haben Lenin ein Denkmal errichtet. Iwan Turgenjew, dem ersten Russen, der Capri besucht hatte, folgten Valentin Katajew und Iwan Bunin. Bunins Erzählung «Der Herr aus San Francisco» hat das Luxushotel Quisisana zum Schauplatz. Eine der großartigsten Erzählungen der russischen Literatur, ja, der Weltliteratur.

Wie die Russen hatten auch die Skandinavier ihre Epoche auf Capri. Hans Christian Andersen schrieb nicht nur Märchen; sein Roman «Der Improvisator» (1835) spielt in Italien und auf Capri. Axel Munthe, der erfolgreiche Arzt aus Schweden, ließ sich am schönsten Platz von Anacapri die Villa San Michele erbauen und füllte sie mit antiken Funden. Im Alter schrieb er die Autobiographie «Das Buch von San Michele» (1929). Sie wurde in alle Kultursprachen übersetzt; ein Bestseller, der wiederum neue Besucherscharen anzog und anzieht, bis heute. Die Engländer hatten *ihre* Epoche. Oscar Wilde, geläutert im Zuchthaus von Reading, wäre gern auf Capri geblieben, doch der Boykott seiner hochnäsigen Landsleute vertrieb ihn. Norman Douglas dagegen kehrte nach Anfeindungen zurück und machte sich als Erforscher der Insel verdient. Er schrieb Novellen, Romane und eine aufschlussreiche Autobiographie «Looking back» (1933). D. H. Lawrence und Frau Frieda, immerfort unterwegs auf Häuser- und Wohnungssuche, hielten es eine Zeitlang aus im Palazzo Ferrero. Robert Lucas hat beschrieben, wie ihr Aufenthalt verlief und wie Lawrence und Douglas sich unterschieden. Compton Mackenzie und Francis Brett Young waren zur gleichen Zeit da, und dieser meinte im Rückblick, Capri wäre «etwas zu klein für drei Romanschriftsteller auf einmal». Später, nach dem 2. Weltkrieg, wird ein neuer berühmter englischer Schriftsteller auf Capri zeitweise sesshaft werden: Graham Greene.

Schriftsteller aus Frankreich hatten Capri nicht übersehen. Exzentrischer als alle – «wohl der berüchtigste Libertin seiner Zeit» –, urteilte Robert Lucas – war der Baron Jacques d'Adelswärd-Fersen. Wie Munthe baute er ein Haus nach seinem Geschmack, die

Villa Lysis, unweit der Villa Jovis des Kaisers Tiberius. Fersen führte das Leben eines Dandy. Er vergötterte einen Zeitungsjungen aus Rom als Antinous, und sowohl die Fremden als auch die Einheimischen hatten etwas zu munkeln über die homoerotischen Orgien in der Villa Lysis, sogar in der Grotta Matrimonia. Roger Peyrefitte beschrieb in seinem Roman «L'exilé de Capri» (1959) Graf Fersens Leben und hat mit ihm den hartnäckigen Ruf Capris, ein Dorado der Homosexualität zu sein, noch verstärkt. Humbert Kesel und andere haben sich gegen diesen Ruf gewehrt. Kesel meinte, Capri unterscheide sich darin «wenig von anderen fremden Orten mit exklusivem Publikum».

Später als andere Nationen haben die Dichter und Schriftsteller Italiens ihr Interesse an Capri bekundet. Ada Negri kam 1923 und schrieb ihre «Canti dell'Isola», lyrische Liebeserklärungen an Capri. Mehr Aufsehen erregte Curzio Malaparte. Er war berühmt und reich geworden als Verfasser des Neapel-Romans «La Pelle» (1948), als er sich auf einer unwegsamen Klippe der Ostküste sein exzentrisches Haus «Casa come me» erbauen ließ. Seine hymnische Prosa widerspricht dem, was man über seinen Aufenthalt weiß. Er hatte Ärger mit den Capresen. Die Isolation des Hauses war schwer auszuhalten. Malaparte starb in Rom. Die «Casa come me» vermachte er testamentarisch, als wollte er die Capresen schockieren, dem Schriftstellerverband von Rotchina, aber auch der hat das Haus kaum genutzt. Zum 100. Geburtstag von Malaparte, 1998, wurde die «Casa come me» restauriert und beliebtes Objekt für Modefotografen, wie Karl Lagerfeld, der einen Bildband veröffentlichte. Mario Soldati, (1906–1999) Journalist, Schriftsteller und Filmautor des Neoverismus, schrieb seinen vielbeachteten, in zehn Sprachen übersetzten Roman «Briefe aus Capri» (1955). Alberto Moravia verlegte Liebesgeschichten auf die Insel. Unter den Schriftstellern, die Capri schmähten oder gar nicht mochten – André Gide und Bert Brecht gehörten zu ihnen – sind Soldatis Äußerungen die kritischsten.

Auch das «irdische Paradies» blieb nicht verschont von Faschismus und 2. Weltkrieg. In den Jahren danach wurde es zu einem Ort des Versteckens, der Zuflucht, des erneuten Exils. «... ich wollte, ich hätte einen Verleger, der mir Geld gibt und Gorkis Häuschen in Capri, und ich könnte in tiefer Ruhe meine Sachen ‹fertig› ausarbeiten; dann wäre mein Ehrgeiz ganz restlos befriedigt», schrieb Ernst Bloch 1945 in einem Brief an Adolf Loewe. Bloch kam jedoch nur als Besucher. Hans Mayer hat ihn dort getroffen. Mit Ergriffenheit lesen wir Isa Vermehrens Bericht «Reise durch den letzten Akt» (1946). Für sie und andere KZ-Sonderhäftlinge in Sippenhaft – auch die Söhne und Töchter der Männer des 20. Juli 1944 waren darunter – wurde Capri zur ersten Station der Freiheit. «Der Mensch verträgt die Superlative nicht, nicht im Guten und nicht im Bösen», schrieb die Kabarettistin und spätere Ordensfrau. Doch Capri war «der Anfang des Friedens». Gustav Herling kam aus Polen, aus Krieg und Unfreiheit, blieb und verfasste eine der schönsten Beschreibungen der «Insel». Für Pablo Neruda, verbannt aus Chile, wurde Capri eine Zeitlang zum Exil. Er verherrlichte es in Lyrik und Prosa.

Monika Mann, eine der drei Töchter Thomas Manns, wählte nach Jahren in den USA Capri als festen Wohnsitz. In ihrer Autobiographie «Vergangenes und Gegenwärtiges» (1956) beschrieb sie ihr Schicksal und ihr Dasein auf Capri. Über den Gang der Tage und der Jahreszeiten zum Beispiel. Im Winter, sieht Monika Mann, ist der in den anderen drei Jahreszeiten von Touristen heimgesuchte und beunruhigte Ort «ein eitles, verkrochenes Städtlein, eine ganz kleine Miniaturwelt, die sich um die große Welt nicht schert». Graham Greene hat sich, als er nach 1945 die Insel als zweiten Wohnsitz wählte, für das ländlichere, höher gelegene Anacapri entschieden. Sein Porträt der «Dottoressa Moor» beweist es, wie heimisch er sich unter den Bewohnern von Capri fühlt. Anlässlich seines 80. Geburtstages versprach Greene in einem Interview, er werde demnächst einen großen Capri-Roman

Blick über Capri-Stadt zum Monte Solaro
Foto: Walter Hörner

schreiben. Pavel Kohout, der tschechische Dramatiker und Erzähler, bekennt in einem Feuilleton, warum er nach anfänglicher Skepsis zu einem Befürworter der Insel wurde und dort sich lieber aufhält als anderswo: «Das Italien, das einen auf Capri erwartet, hat alle Vorteile Italiens und kaum einen Riss.»

C'era una volta …
In Apulien

Italienreise 1959
Foto: Hans Georg Schwark

Der Sporn am Stiefel von Italien

Die Legende erzählt von einem Sünder, der hinauf zum Heiligtum des Erzengels in Monte Sant'Angelo jahrelang unterwegs war. Die Legende ist glaubwürdig. Die neue Straße hat gegenüber der alten Straße ihre Serpentinen vermindert, aber auch sie ist noch staunenerregend steil und über dem Abgrund hängend. Jener «Sporn am Stiefel» der Apenninenhalbinsel ist in Wirklichkeit ein über tausend Meter hohes Kalksteinmassiv. Von Foggia her kommend, ragt es schroff auf. Die Häuser von Sant'Angelo oben auf dem Grat, haben keine pittoreske Schauseite; ihre grauen, breit hingezogenen Dächer heben sich wie Felsbrocken gegen den Himmel. Die Ausblicke, schon auf halber Höhe, belohnen: im Süden die blaue Bucht vor den Häuserwürfeln von Manfredonia, im Westen die Ebene der Tavoliere delle Puglie, die an ihren Rändern sich kräuselt zu den sanften Hügelwellen der Murge.

Keine gewinnende Piazza, keine Fassade hält den Schritt in Sant'Angelo auf. Das Heiligtum des Erzengels Michael ist halb in Fels gebaut, viele Stufen führen hinab in die grabeskühle, tropfende Höhle, wo der schwerttragende Engel einst dem Bauern Gargano erschienen ist, wo die Ritter auf den Kreuzzügen Station machten, wo die Kaiser des Abendlandes beteten.

Viele Reisende begnügen sich mit dem Besuch der Wallfahrtskirche. Sie fahren eine Stunde später die gleichen Serpentinen hinab, Castell del Monte, Bari, Metaponto oder Neapel zu. Aber Sant'Angelo ist nur das Tor, erster Aufstieg zum Monte Gargano, der als Sporn ins Adriatische Meer stößt, der ein ganz eigenes Stück Italien ausmacht, eine abseitige Welt versteckt, eine Vorahnung Griechenlands gibt, Erinnerungen wachruft, als die Dichter Roms den lastenden Schnee auf den Zweigen der Wälder besangen,

Am Monte Gargano
Foto: Hans Georg Schwark

als Friedrich II., Manfred und Enzio mit dem Falken auf dem Handschuh zur Jagd durch tiefe Wälder ritten.

Hinter Sant'Angelo beginnt die Foresta Umbra, der dunkle Wald, Buchenwald, letztes Reservat des Schattens, der Kühle, der Quellen. Wer vom Norden kommt, ist überrascht, aber er lässt sich nicht aufhalten, er will die pittoreske Stadt über dem Fels sehen, Kirchen früherer Jahrhunderte, Kulturschichtungen, Zeugnisse der Griechen, Römer, Sarazenen, Staufer, Olivenhaine, den Meeresstrand. Und er wird alles finden, dort, wo der Gargano zur Küste abfällt.

Rodi zeigt am meisten Seebad-Charakter. Es hat zwei Hotels, ein einladendes Ristorante, zwei, drei Trattorien, Strandkörbe. San Menaio ist ländlicher, Villen zwischen Oleander, Reben, Pinien.

Die Frauen von San Menaio verbringen den Vormittag am Strand. Wenn sie nicht nähen, Wäsche spannen oder Brot für ihre Bambini schneiden, liegen sie nahe dem Ufer in den Wellen. Der Gast nimmt teil am italienischen Tageslauf: Fischfang, Markt, Siesta, Promenade, kühle Abendstunden auf der Uferstraße oder an den Tischen vor dem Ristorante oder Café.

Peschici hat weiße, blaue und rosarote Häuser mit orientalischen Fenster- und Türbogen und jene Winkel, die Blumen, Abfälle, das geweihte Kräuterbündel an der Hauswand, die Wäsche an der Leine, Geruch der Küche, Radiogeschrei aus offenen Fenstern und ein Esel, der seinen Kopf in den Schatten neigt, zur Idylle machen. Auch Vieste hat eine Wallfahrtskirche, Plätze, Treppen und ein Castell, auf dem heute Matrosen eine Wetterstation unterhalten, Heimweh nach ihren Städten haben, vielleicht deshalb so gastfreundlich jeden Fremden aufnehmen, mit ihm sprechen, mit ihm sich fotografieren und ihn durch ihr Scherenfernrohr schauen lassen hinüber nach den Tremiti-Inseln, die wie Eisberge im Blau der Adria treiben. Vico hat den besten Wein des Gebirges, nur in den Städten rundherum trinkt man ihn ungemischt. Wie Bingen feiert auch Vico sein Rochusfest, eine Prozession, die den Patron mit der schwärenden Wunde durch die Gassen trägt und ihm Lire-Scheine an den Sockel heftet.

Wer in Italien nicht allein die künstlerischen Schönheiten, sondern auch die landschaftlichen sucht und zu schätzen weiß, der wird den Monte Gargano und seine Ufer lieben lernen. Er wird den klaren großgearteten Bau des karstigen Massivs mit seinem grünen Waldrücken bestaunen, er wird oft verhalten vor der Weite, die sich vor ihm öffnet, staunen über den Wechsel von Herbheit und Anmut. Er wird vor allem jene Blicke von Varano, Carpino, Cagnano hinab zum Lago di Varano oder zum Lago di Lesina in Erinnerung behalten.

Dass der Strand, seine Städte und Dörfer noch nicht überfüllt sind, wurde noch nicht gesagt. Wer die Einsamkeit liebt, verrät sie nur den Freunden. Aber schon hat sich eine Gesellschaft konstituiert, die sich «die Erschließung des Gebietes für den Fremdenverkehr zum Ziel gesetzt hat». Hoffentlich ist sie nicht allzu aktiv. «Wenn Sie wiederkommen im nächsten Jahr, kommen Sie im Herbst», sagen alle beim Abschied. «Dann ist es noch schöner! Viele Fische! Viele Früchte, Trauben, Feigen, Orangen und Wein in Hülle und Fülle!»

Am Monte Gargano, Foto: Hans Georg Schwark

Italien ohne Sizilien macht gar kein Bild
Zu Dagmar Nicks «Sizilien»-Buch

Die große Reisezeit ist angebrochen. In den Schaufenstern liegen sie wieder, die vielen schönen, bunten, teuren Bücher, die ihren Käufern und Benutzern eine intensivere Reise versprechen. Die Atlanten, Karten, Streckenbeschreibungen, Spezialführer wollen Orientierungen vermitteln; die meisten anderen Bücher dagegen Atmosphärisches und Wissenswertes. In ihnen werden Geschichte und Vorgeschichte repetiert; Tempel, Kirchen, Schlösser, Galerien, Parks, Baudenkmäler beschrieben; Städte und Landschaften und Menschen – und manchmal auch, und noch immer viel zu selten – sogar deren Probleme. Eines ist sicher: wer ohne Reiseliteratur unterwegs ist, erlebt nur die Hälfte.

Die Reisebücher, die eben ihre Saison haben, sagen auch etwas aus über die Vorlieben der Deutschen. Noch immer zieht es sie, wie die Zugvögel, in Scharen nach dem Süden. Italien, Griechenland, Frankreich – auch da an erster Stelle «Midi» –, Spanien, Jugoslawien und immer noch und immer wieder, obgleich es gar nicht so sehr südlich liegt, Österreich – sind die bevorzugten Ziele. In die einen Länder und Landstriche zieht es die Massen; in andere die Einzelgänger, die lieber selber reisen als «gereist» werden; lieber sich mühsam von Sehenswürdigkeit zu Sehenswürdigkeit durchfragen als in überfüllten Bussen nur zu den Höhepunkten transportiert zu werden.

Südlich von Rom zum Beispiel werden die Busse, die Campingwagen, überhaupt die Autos der Ausländer seltener. Die Hitze kocht. Wer von der Strada del Sole abweicht, wird mit Hunderten von Kurven bestraft. Für die Fähre von Villa San Giovanni nach Messina muss man nicht einmal Plätze vorbuchen. Sizilien ist weit. Da fährt man nicht hin, um an Stränden sich

Concordiatempel in Agrigento
Foto: Walter Hörner

bräunen zu lassen, sondern um ein geschichtsträchtiges Land zu bereisen, das Vorbereitung erfordert.

Ein neues Sizilienbuch ist anzuzeigen, über das sich nur Lobenswertes sagen lässt. Seine Verfasserin: Dagmar Nick. Ältere Leser erinnern sich, als Dagmar Nick, achtzehnjährig, bald nach dem Krieg zu publizieren begann, in Anthologien und in eigenen Bänden. Sie schrieb schöne, melodische und melancholische Gedichte, die aussprachen, was die Menschen damals erlebten und empfanden. Anfang der sechziger Jahre verschaffte sich Dagmar Nick einen zweiten Eingang in die Literatur. Rasch hintereinander erschienen ihre Bücher «Einladung nach Israel» und «Einladung nach Rhodos». Reisebücher gewiss, doch sie unterschieden sich von den vielen anderen durch die Leidenschaft, mit welcher Dagmar Nick die fremden Länder für sich entdeckt und mit einer anschaulichen, poetisch inspirierten Sprache beschrieben hatte.

Es war zu erwarten, dass Dagmar Nick Sizilien liegen musste. Ein Lieblingsland der Deutschen und der Individualisten. Ein Erdteil für sich, in dem unterschiedliche Kulturen sich verschränken; wo mehr Zeugnisse des Griechentums übriggeblieben sind als selbst im Mutterland. Sizilien ist auch mit der deutschen Geschichte verschwistert. Der Stauferkaiser Friedrich II. hat von da regiert, und deutsche Besucher bezeugen ihm ihre Verehrung, indem sie vor seinen Porphyrsarg im Dom von Palermo Blumen hinlegen.

Schon Goethe wagte die weite, schwierige Reise, und fast schon gewohnheitsmäßig zitiert man seine vielsagende Äußerung aus der «Italienischen Reise»: «Italien ohne Sizilien macht gar kein Bild: hier ist der Schlüssel zu allem.» Und ein anderer, weniger berühmter, doch eigenwilliger und sympathischer deutscher Dichter, Johann Gottfried Seume, ist zu Fuß nach Sizilien gewandert, weil er die Ruinen der Magna Graecia sehen und den geheimnisvollsten Berg Europas besteigen wollte, den Ätna.

Dagmar Nick beherrscht die Fülle des Stoffes. Sie ordnet ihn in Kapitel, in Zeiten, in Vorgänge. Sie erzählt über die Sikuler, die Griechen, die Römer, die Normannen, die Araber, die ihre gegensätzlichen Spuren und Ruinen hinterlassen haben. Sie erzählt von Göttern und Göttinnen, von Schlachten und Städtegründungen. Die Sagen kennt sie ebenso gründlich wie die Zeugnisse antiker Autoren. Sie vergisst nicht das Sizilien der Gegenwart. Weniger Erfreuliches ist mitzuteilen: von der Mafia, von der Arbeitslosigkeit, von der Lethargie zuhause und der Lethargie der Regierung im fernen Rom. Auch Sizilien wird unterjocht von den Bodenspekulanten, die barbarische Satellitenstädte errichten und nicht davor zurückschrecken, uraltes Kulturland zu zersiedeln und zu verschandeln.

Dem Band «Sizilien» von Dagmar Nick sind – wie allen anderen Reisebüchern der Langen/Müller-Reihe – ein paar Seiten angehängt, die nützlichen Hinweisen reserviert sind: Adressen von Verkehrsbüros zum Beispiel; Auskünften über das Klima, über die Feiertage, an denen Sizilien so reich ist. Vier Seiten sind «Berühmten Sizilianern» eingeräumt, und darauf folgt ein Verzeichnis, das die Literatur über Sizilien in «Standardwerke», in «wichtige» oder nur «interessante» Bücher einreiht. Wer in einigen Jahren wieder ein Sizilienbuch zu schreiben Lust bekommt, der sollte nicht vergessen, sich Dagmar Nicks Sizilienbuch zum Vorbild zu nehmen und es aufführen in der Liste der «Standardwerke».

Nacht vor Cefalù

Den fremden Namen – schwarz auf weißem Kilometerstein –, den unsere Scheinwerfer für Augenblicke streiften, hatten wir vergessen. Wir spannten die Zelte, schlugen, bei Licht und Schatten hin- und hergeschwenkter Laternen, die Pflöcke in den Kies. Das Meer – Oval einer Birne, die erlosch, allmählich wie die Pergamentleuchte im Kino. Boote auf ihrer Wölbung. Lampen am Kiel, die das Wasser durchfurchten. Thunfischer ruderten hinaus zum Fang.

Ich musste den Weg zum Dorf ertasten. Eine Mauer großporiger, noch sonnenwarmer Steine. Sturz einer Quelle. Schluck aus der Hand. Eine Kammer, umstellt von Betten, Kissen, Decken, Fellen. Ein Greis lag darin verknotet, er sah herüber, öffnete den Mund, doch kein Wort bildete sich. Mann und Frau im Schlaf: sie, zu ihm gedreht, ihr Haar umflocht seinen schweißigen Rücken; er, auf dem Bauch, das Gesicht in die Hände gedrückt.

Am Tisch, auf zu hohen Stühlen, saßen Kinder, stützten die Ellbogen auf die Kante und hielten die Fächer großer, rot- und schwarzbedruckter Spielkarten vor den Augen. Die kleinen Fäuste zogen Karte um Karte, warfen sie aus hochgereckten Armen in weitem Bogen, doch leise wie Herbstblätter mitten auf die Tischplatte. Ein Junge, dessen Buckel die Stuhllehne überhing, nahm die übereinanderliegenden Karten an sich. Der Spiegel im Waschtisch wiederholte das Bild, warf es zurück in eine ferne Tiefe und Lautlosigkeit. Auch dort nahm der Bucklige die Karten an sich, raffte sie zum Berg, den seine linke schmutzige Hand vor der kurzen Brust umklammerte.

Hunde strichen um die Häuser, Katzen bäumten den Rücken, funkelten, sprangen von den Stufen und huschten durch die trüben Lachen der Fensterlichter quer über den Weg. Ein Pferd mit

Menschenhänden, in Stein gehauen, ergriff die schräg zueinandergeneigten Wappen: Rose, Schlange, Delphin. Grünbemalte, grünscheinende elektrische Birnen in den fiedrigen Blättern der Palmen.

Ein Fenster, geteilt von weißlackierten Kreuzen, wie die Fenster der Schlösser. Ein Mann, ein Mädchen, zwischen ihnen das grüne Tuch des Billardtisches. Die rote Kugel, von des Mädchens Queue gestoßen, rollte von Bande zu Bande, die erste, die zweite, die dritte weiße Kugel treffend. Das Mädchen hinabgebeugt, das Profil halb zugeschüttet vom Haar. Der Mann aufrecht, mit bösem Effekt der Augen, die Kugeln störend, während die Hände, unnütz, zerstreut, die Kreide über die Lederkuppe strichen. Das Mädchen verfehlte, richtete sich auf. Das Lächeln seiner Zähne zu verdecken, beugte er sich hinab, schob das Queue durch die aufgestützte Hand und zielte.

Hinten im Zimmer, auf damastenem Sofa, saß eine graue Dame. Halb im Teppichflaum versunken standen ihre Schuhe. Sie stützte ihr Kinn auf den verschränkten Händen, mit festen Augen das Spiel der beiden prüfend. Solange diese Augen zusahen, konnte das Spiel nicht enden, das Spiel des Mädchens, das schön war, das Spiel des Mannes, dem die Augen nach Besitz brannten. Die Uhr auf der Konsole schlug. Der Vogel im Käfig flatterte gegen die Stäbe. Die Palmen löschten aus, aber das Spiel dauerte fort, weil die Augen der Dame forderten, dass es dauere.

In der Taverne saßen Gäste, vor ihnen, auf eisernen Tischen, die Gläser. Sie hoben sie zum Mund, schlürften die schrägen, gelben Spiegel aus. Drei schwarzgekleidete Männer unter schwarzen, breitrandigen Hüten. Hinter ihnen, den Schatten im Gesicht, nahm der Wirt die Geldscheine vom Tisch. Die Männer standen auf, kamen heraus, langsam, schweigend, schritten die Straße hinab ins Dunkel, das gleich hinter dem Neonschein der Reklame begann. Er verzuckte in den bizarren Lettern *Birra Messina*.

Ein Junge lag über der Schwelle, auf den Rücken hingeschlagen, den Kopf über die letzte Stufe hängend, erschlafft wie ein

Hirte, der hinter geschlossenen Lidern seine Schafe grasen hört. Seine Hände streichelten sich selber, rieben die Brust unter dem Hemd, krochen unter den Kopf, der darauf sich wiegte. Die Füße nackt, breit, an festen Fesseln, krümmten sich, rieben die Sohlen aneinander, strichen die Waden hinauf und hinab. Auf zerbrochenem Terrazzo stand ein Bügeleisen, glühte aus roten Löchern. Die Zehen des Jungen krümmten sich über der Glut, tupften das heiße Eisen, zuckten zurück. Eine Frau drinnen im Haus rief seinen Namen; ein Name, schön wie ein südlicher Nachtruf, dem er nicht folgte, als tue es gut, ihn so oft und so schmeichelnd zu hören.

Auch die anderen schliefen nicht. Sie standen vor den Pyramiden der Zelte, sahen hinaus aufs Meer, wo die Lichtkegel, auf- und niederschwankend, sich enger schlossen zum Kreis. Einer sagte: «Sie ziehen das Netz an, zerren die Fische heraus und zerfleischen sie mit Messern über der Reling. Das Meer ist rot von ihrem Blut, aber wir sehen es nicht.» Wir sahen nur die Lampen und den schwarzen Tisch des Wassers. Wir sehen nur die Haut der Bilder, Schlafende, Spielende, Liebende, Träumende, Karten, Kugeln, Wappen, Geldscheine. Hinter Dunkelheit Blut. Hinter Stummheit Schreie.

Hans Benders Olivetti
auf dem Schreibtisch in der Wohnung
in der Taubengasse in Köln.
Aquarell von Willy Meyer-Osburg

Hier bleiben wir

Gedichte und Vierzeiler

Engel in Florenz

Man konnte sie in jenen Jahren sogar
tagsüber auf der Piazza della Signoria sehen.
Sie flogen in die Zellen von San Marco,
dem frommen Fra Angelico Modell
zu stehen.

Um wiederzukommen nach Florenz

Hier wirft man keine Münze
in den Brunnen wie in Rom.
Man streichelt im Mercato Nuovo
die Schnauze des bronzenen Ebers.

Spello

Hier bleiben wir,
in der südlichen Stadt.
Mauern umschließen sie
und die sanften Bögen
umbrischer Berge.
Wir gehen von Kirche
zu Kirche, zu Bildern
der Maler, die wir lieben.
Keines ist schöner
als Pinturicchios Madonna.
Das Blau ihres Mantels
sehe ich wieder
in deinen Augen.

Piazza Navona

Der schöne Platz,
wo alle zusammenkommen.
Nirgendwo bin ich
so allein.

In der Pinakothek

Lieber als bei den Engeln in den Wolken
wäre ich in Kampanien. Dort am Brunnen
auf dem Dorfplatz, wo verliebte Paare
Ritornelle singen, Tarantella tanzen.

Capri

Die goldene Kette verrät ihn,
der Ring, das Armband, diamantenbesetzt.
Oben am Hang die Villa gehört ihm,
und unten im Hafen die weiße Yacht.
Hinter der Sonnenbrille versteckt
folgt sein Blick dem schönen Knaben.
Dort springt er eben vom Fels
ins sonnenglitzernde Meer.

Selbst in Campagna

Unterwegs in Italien nehmen wir wahr:
Selbst die Campagna ist nicht, wie sie war.
Vor Neapel sind Berge von Müll zu umrunden.
In der Mozzarella hat man Pestizide gefunden.

Römische Geschichte

Ihn übergingen unsere Lehrer
Antoninus Pius, den Kaiser,
der mehr als Kriege
den Frieden liebte.

Sankt Hieronymus als Vorbild

Im Gehäuse, wie Antonella da Messina
es malte, leben, lesen, schreiben –
Auch der Löwe darf nicht fehlen, der
mich erheitert und behütet.

Habemus papam

Auf der Loggia erscheint
er endlich und gewinnt
uns alle mit der Wahl
seines Namens: Franziskus

In Leopardis Haus in Recanati

In diese dumpfen Bücherwände,
aus denen er hinaus sich sehnte,
sind eben schöne Mädchen eingetreten,
gehen umher und flüstern seine Verse.

Caravaggios David

Der freche Bursche,
den ich malte,
zeigt her
mein abgeschlagenes Haupt.

Umberto Saba

Mutiger war er als andere Dichter.
Wagte wieder den alten Reim fiore / amore.
Hielt den großen Worten der Zeit
die kleinen seines Lebens entgegen.

Unterwegs in Italien

Aufzeichnungen

In Salò

Die Menschen: Schauspieler. Das Leben: eine Bühne. In Italien ein alltägliches Vergnügen; wie heute, in einem Terrassenristorante am Hafen, in Salò. Mama und Sohn haben am unteren Ende eines langen Tisches Platz genommen. Sie wählt nach langem Studium der Karte die Gerichte, aber weder das Vorgericht noch das Hauptgericht erfüllen ihre Erwartungen. Sie befiehlt dem Kellner, die kaum berührten Teller und Platten fortzutragen. Der Padrone tritt auf, aber selbst er kann den wortreichen Beschwerden der Mama nichts entgegensetzen. Er erlässt die Bezahlung. Als Siegerin erhebt sie sich. Der Sohn – er hat nur eine stumme Rolle gespielt – folgt. Hans und ich, zwei arglose Fremde, die kritiklos ihr miserables Mahl verzehrt haben, verdienen nur ein mitleidiges «Ciao». Wirkungsvoll hat die Italienerin uns vorgespielt: Ich bin nicht nur eine liebevolle Mama, ich bin auch eine unerreichbare Köchin, und keiner weiß mich mehr zu schätzen als mein verwöhnter, folgsamer Sohn.

Am Lago Maggiore

Vor der Isola Bella empfiehlt mir der «Guida» das Ristorante «Delfino». Er kann nicht wissen, dass ich seinetwegen diese Schiffsreise unternehme. Noch gestern Abend las ich in Avegno Stendhals Brief vom 17. Januar 1828: «Auf einer der Borromäischen Inseln gibt es ein leidliches Gasthaus mit dem Zeichen des Delfino. Seit zwei Tagen verweile ich daselbst, lese Bandello und einen der dickleibigen Bände des *Esprit des Lois* ...» Ich sehe den Albergo und die Schrift schon vom See aus. Keine Stendhal-Tafel ist angebracht. Der Besitzer sagt, das Haus sei 794 erbaut. Er lächelt, als ich verbessere: 1794. Also ist es noch dasselbe Haus. Es hat auch den Stil jener Zeit bewahrt: geschwungene Balkone und eine Veranda, auf der man sitzen und sich wohl fühlen kann. – Ich esse Trota, trinke Vino Bianco und bin glücklich, am gleichen Ort zu weilen wie Stendhal. Die Rechnung nehme ich als Erinnerung mit.

Bellagio, Lago di Como

«Gold schüttet die Sonne ins Meer, also, dass der ärmste Fischer mit goldenem Ruder rudert.»

Damals als Siebzehnjähriger, als ich in der katholischen Internatsschule heimlich den *Zarathustra* las, berauschten mich diese Zeilen und ich behielt sie auswendig. Heute sehe ich sie verwirklicht, in Bellagio, über dem Lago di Como, beim Sonnenuntergang.

Jugendbildnis im Koffer

Im Museo Civico in Asolo gibt es Gedächtnisräume und Gegenstände von Eleonora Duse zu sehen. Wortreich und begeistert erklärt sie die Kustodin der Reihe nach. Ich selber entdecke einen Koffer von ungewohntem Format, hoch und flach, und warte voller Spannung auf die Erklärung. Eleonora Duse, sagt die Kustodin, habe im Alter, wenn sie zu Gastspielreisen aufbrach, in diesem Koffer ihr Jugendbildnis – «hier, das Pastell, von Lenbach gemalt» – mitgenommen und es vor ihren Auftritten statt ihres Spiegelbildes angeschaut.

Corregios Madonna

«In der Basilica di Sant'Antonio in Padua befindet sich das Bild der Madonna mit Maria Magdalena und neben ihnen ein Putto mit einem Buch in der Hand, der so natürlich lacht, dass er unweigerlich zum Lachen bringt und auch der trübsinnigste Mensch bei seinem Anblick sich erheitert.» Die schöne Beschreibung des Corregio-Gemäldes findet sich in den *Viten* des Giorgio Vasari. Er spricht etwas vor, was Kunsthistoriker nie sagen oder erlauben. Wir, als Betrachter selbst von Bildern Heiliger, müssen nicht die Stirn, gar die Hände falten. Wir dürfen uns erheitern, lachen sogar.

Palmiro Togliatti und der Regen

Auf unserer ersten Reise nach Sizilien, 1958 wahrscheinlich, machten Hans und ich in Messina Halt. Eine Nacht wollten wir bleiben, doch wir hängten eine zweite Nacht an: Unterwegs in der Stadt hatten wir Plakate gesehen, die ankündeten, übermorgen, am Sonntagvormittag um 11 Uhr werde Palmiro Togliatti auf der Piazza Cairoli eine Rede halten. Wir wussten damals wenig über ihn, den Gründer und Generalsekretär der PCI und die zwielichtige Rolle, die er in der Vergangenheit gespielt hatte. Wir versprachen uns von seinem Auftritt ein italienisches Spektakel. Vor der festgesetzten Uhrzeit kamen wir zur Piazza. Ein Podium war aufgebaut, ein Rednerpult. Aber außer uns beiden ließen sich keine anderen Leute sehen. Hatte man Togliattis Auftritt abgesagt? Oder wurden die Zuhörer, Einwohner von Messina, Mitglieder der Kommunistischen Partei, noch in den Kirchen festgehalten vom lang sich hinziehenden Hochamt? Der Himmel war bedeckt, und dann begann es zu regnen, inständig, immer dichter, so dass uns nichts anderes blieb als ins Hotel zurückzuflüchten und einen früheren Zug zu nehmen.

Damals kannten wir die Italiener, erst recht die Sizilianer, noch nicht so gut. Regen war ihnen willkommen, wenn er auf die Felder und Weinberge fiel; Regen in der Stadt jedoch fürchteten sie wie der Teufel das Weihwasser. Für Regengüsse waren ihre Anzüge und Kleider zu leicht, die Schuhsohlen zu dünn. Sie, die Messinesen, folgerten wir, hatten den Regen vorausgesehen. Deshalb waren sie ausgeblieben. Und so wichtig schien ihnen die Rede Togliattis auch gar nicht zu sein. Uns jedoch, zwei neugierigen, unerfahrenen, deutschen Touristen hat jener Regen auf ihrer ersten Reise nach Sizilien ein Erlebnis vereitelt. Einige Jahre später kam Fellinis Film *La dolce vita* in unsere Kinos. Eine seiner turbulenten Szenen erinnerte an unser Erlebnis in Messina. Da verhinderte ein Platzregen nicht den Auftritt eines Politikers, sondern die angekündigte Marienerscheinung. Ja, Fellini kannte die Angst seiner Landsleute vor dem Regen.

Taormina

Etwas abseits im Park von Taormina – eine Terrasse hoch über dem Meer – stehen Olivenbäume, denen man kleine Tafeln an die Stämme geheftet hat. Darauf Namen der Gefallenen des Zweiten Weltkriegs.

Nie vorher sah ich ein Kriegerdenkmal, das mir würdiger und beziehungsreicher schien und keine Abwehrkraft aufkommen lässt gegen Statuen, Embleme, Inschriften: Ölbäume, Skulpturen der Natur, die Leben und Sterben bezeugen.

Erlebnis der Wiederkehr

Wirst du wiederkehren? An schönen Orten, in Italien vor allem, stellst du die Frage und neigst dazu, sie zu bejahen. Auffällig dein Wunsch, wiederzukehren zu Orten, die du schon zwei, drei Mal besucht hast. Die Reise erfordert keine Mühe der Planung, keine Beratung im Reisebüro. Du weißt, wo du übernachten, wo du essen wirst, wo der Padrone dich mit deinem Namen begrüßt und die alte Frau im «Tabacchi», bevor du sie nennst, nach der Marke deiner Zigaretten greift. Orte, die unverändert bleiben: der Dom, der Brunnen, der Corso, das Café. In einem Schaufenster in der Via Galleria ist noch die Jacke ausgestellt, die dir schon im vergangenen Jahr gefallen hat. Diesmal wirst du sie kaufen! Du hörst die gleichen Laute, und am Abend rufen die Mütter die Kinder mit ihren melodischen Namen ins Haus. Alterserscheinungen? Vielleicht. Dorthin willst du wiederkehren, wo deine Erinnerungen dich erwarten.

Hans Bender und Italien – ein Nachwort

Hans Bender ist in viele Länder gereist und das hat Spuren in seinem Werk hinterlassen. Begibt man sich auf Spurensuche, so fällt auf, welch bedeutende Rolle Italien dabei zukommt. Er liebte dieses Land, seine Literatur und Kunst, die Museen und Kirchen, die Städte und Landschaften, die Cafébars und Trattorien. Kurzgeschichten, Aufzeichnungen, Erinnerungen, Rezensionen und Vierzeiler sind Zeugnisse dieser Zuneigung. Kaum eine Ehrung hat ihn so erfreut wie 1972 der Premio Calabria. Für die Deutsche Zeitung, später für die Süddeutsche Zeitung verfasste er zahlreiche Rezensionen über Werke zeitgenössischer italienischer Autoren; in seiner Zeitschrift für Literatur «Akzente» wurden vom Jahrgang 1964 bis zum Jahrgang 1977 Lyrik, Prosa, Essays italienischer Gegenwartsautoren veröffentlicht, darunter in zwei vielbeachteten, ausschließlich der italienischen Literatur gewidmeten Heften.

Zum ersten Mal reiste er 1955 mit Walter Höllerer und Herbert Heckmann nach Sizilien. Dort entstand seine erste Italienprosa, «Nacht vor Cefalù» die später in der umfassenden Anthologie «Sizilien – Reisebilder aus drei Jahrhunderten» von Ernst Osterkamp seinen angemessenen Platz fand. Auf dieser Reise erlebte er aber auch die Menge deutscher Touristen, die es nach dem Krieg in das alte «Traumland» zog. Italien war zum Ferienland Nummer eins geworden. Diese Sehnsucht nach Bella Italia reizte ihn zu der Kurzgeschichte «Straße nach Süden», die vom Reisen per Anhalter handelt.

Gewichtiger waren die Kurzgeschichten, die nach Aufenthalten in Venedig entstanden sind: «In der Gondel» und «Der Hund von Torcello», denen sich «Mit dem Postschiff – eine Fahrt zur Isola del Giglio» – anschloss. «In der Gondel» erhielt bei einem einmaligen Wettbewerb der Süddeutschen Zeitung den 1000-Mark-Preis der besten Kurzgeschichte.

Das Reisebild «… die schöne Brenta hinunter» – eine Bootsfahrt von Padua nach Venedig – und die Erinnerung an Ferientage auf dem Monte Gargano «Der Sporn am Stiefel Italiens» sind Beispiele autobiographischer Kurzprosa.

Als ihn viele Jahre später sein Dichterfreund Dieter Hoffmann um Beiträge für die toskanische Weingutzeitung *Gazzetta di Nittardi* bat, an deren Gestaltung Hoffmann mitwirkte, nutzte er, der gerne Kunsthistoriker geworden wäre, die Gelegenheit, einige Künstlerporträts zu schreiben, wie den Besuch «In Vasaris Haus in Arezzo» und die Lebensgeschichten von Benvenuto Cellini und Jacopo da Pontormo.

In Mailand besuchte er die Germanistin Gilda Musa, die er in Heidelberg kennen gelernt hatte, die sich für zeitgenössische deutsche Gedichte interessierte und den Lyriker Hans Bender entdeckt hatte. Sie nahm seine frühen Gedichte in ihre Anthologie «poesia tedesca del dopoguerra» auf. Sie übersetzte auch seine bekannteste Kurzgeschichte «Die Wölfe kommen zurück». Eine zweite Kurzgeschichte, «Der Brotholer», übersetzte der Schriftsteller Enrico Filippini.

Der Verleger Giangiacomo Feltrinelli hatte Hans Bender in Mailand mit der Herausgabe einer Anthologie kurzer Prosa neuer deutscher Schriftsteller beauftragt und gewünscht, dass auch der Herausgeber darin vertreten sein müsste. Das Buch erschien 1962 unter dem Titel «Il dissenso – 19 nuovi scrittori tedeschi» und fand ein positives Echo in der italienischen Literaturszene. In Rom lernte er die Schriftstellerin und Germanistin Elena Croce kennen und gewann sie als korrespondierendes Mitglied der Akademie der Wissenschaften und der Literatur in Mainz.

In den 90er Jahren lernte er den Germanisten Mario Regina aus Bari kennen, der dabei war, den Roman «Anton Reiser» von Karl

Philipp Moritz zu übersetzen und Hans Bender um ein Vorwort bat. 1994 lag «Anton Reiser» in italienischer Übersetzung vor. Aus der Begegnung war längst eine Freundschaft geworden, als Mario Regina 1999 in «Risonanze – Feuilleton di Fine Secolo» ein Porträt Hans Benders sowie eine Interpretation seiner Kurzgeschichte «Forgive me» aufgenommen hatte.

«Mit Vergnügen denke ich an die schönen Spaziergänge in Rom mit Ihnen» schreibt ihm 1981 Hermann Kesten. 1959 waren sie sich in Rom begegnet; eine Freundschaft begann, die bis zu Kestens Tod währte. 1996, in seinem Nachruf auf den Freund erinnert sich Hans Bender an jene frühen Jahre: «Im Sommer 1959 bin ich Hermann Kesten, mit dem ich als Akzente-Mitherausgeber vorher Briefe gewechselt hatte, zum ersten Mal persönlich begegnet, in Rom. Es steigerte seinen Eifer, dass ich erst angekommen war und er mir, alles was ihm gefiel, zeigen konnte. Nicht nur Kirchen, Museen, Brunnen und Plätze sollte ich sehen, auch kennenlernen, wo man in Rom vorzüglich aß, wo es das beste Eis, den stärksten Espresso gab.»

1987 war er Ehrengast der Villa Massimo. Im Handgepäck dabei war die «Geschichte der Stadt Rom im Mittelalter» von Ferdinand Gregorovius: «mein Guide durch die Ewige Stadt». Er freundete sich mit den Stipendiaten Max Beckschäfer, einem jungen Komponisten, dem Malerehepaar Hans Peter Reutter und Hildegard Fuhrer sowie der Schriftstellerin Tina Stroheker an, die ihn in der lyrischen Momentaufnahme «Einer, der schreibt» festhielt. In Rom sah er den 90jährigen Armin T. Wegner wieder. In einer berührenden Aufzeichnung erzählt er, wie es – von dem so viel älteren, verehrten Kollegen mit Bedacht ausgewählt – mit Blick auf die Spanische Treppe zur Bruderschaft gekommen ist. Es ist eine der zahlreichen Aufzeichnungen, eine Prosaform, die ihm mit seinem «Streben nach Kürze und Verknappung» besonders lag. Einige fasste er unter den Titeln «Postkarten aus Rom» und «Um Wiederzukommen nach Florenz» zusammen. Zuletzt gehörte seine Liebe den Vierzeilern, die «Italienischen» sind in dieser Sammlung aufgenommen.

Was ihn zu einer Aufzeichnung veranlasste oder nicht, blieb sein Geheimnis. So erzählte er gern, wie er mit Feltrinelli durch das nächtliche Rom streifte auf der Suche nach Zigaretten. Daraus wurde keine Aufzeichnung, wie auch aus der Begegnung mit dem Bruder des bekannten capresischen Malers Raffaele Castello, der in den sechziger Jahren in einer Galerie auf Capri die nachgelassenen Werke betreute. Hans Bender erwarb ein kleinformatiges Ölbild, auf dem ein Stier dem Betrachter kampflustig in die Augen schaut.

Da war ich, wie auf so vielen Reisen, dabei, so dass ich den beiden Herausgebern dieses Lesebuches, Horst Bürger und Walter Hörner, manche Anregungen zur Auswahl der Texte geben konnte.

Hans Georg Schwark

Quellen

Straße nach Süden.
Aus: Der Junge, der Asta Nielsen sah. Aachen: Rimbaud 2019

**In der Gondel. Der Hund von Torcello.
Mit dem Postschiff. Nacht vor Cefalù.**
Aus: Der Hund von Torcello. Aachen: Rimbaud 2007

… die schöne Brenta herunter.
Aus: Postkarten aus Rom. München: Hanser 1989 (© Rimbaud)

Wieder in Florenz zu sein.
Aus: Wie die Linien meiner Hand.
München: Hanser 1999 (© Rimbaud)

**Wieder glänzt und strahlt sein Perseus.
Des Schreckens und der Wunderdinge voll.
Vasaris Haus in Arezzo.
Eine Badereise in den Jahren 1580–1581.
Volterra, allein auf seinem Felsen.**
Aus: Gazzetta di Nittardi, Jahrg. 1994–2001

Postkarten aus Rom.
Aus: Postkarten aus Rom. München: Hanser 1989 (© Rimbaud)

La grotta azzurra.
Aus: Hörfunkbeitrag SWF 2.10.1977

Ein irdisches Paradies.
Aus: Capri. Nachwort (it 1077) Frankfurt/Main: Insel 1988

Der Sporn am Stiefel von Italien.
Aus: Deutsche Zeitung 20.8.1959

Italien ohne Sizilien macht gar kein Bild.
Aus: Osiris H. 10/11 2001

Alle anderen Prosatexte
Aus: Jene Trauben des Zeuxis
Aus: Aufzeichnungen
Aachen: Rimbaud 2002, 2014

Gedichte
Aus: Verweilen, gehen. Aachen: Rimbaud 2003
Auf meine Art.
Wie es kommen wird.
München: Hanser 2009, 2012 (© Rimbaud)

Hans Benders Werke
im Rimbaud Verlag

Jene Trauben des Zeuxis. Aufzeichnungen. 1 Abb., 88 S., geb., 2002. ISBN 978-3-89086-714-4
Verweilen, gehen. Gedichte in vier Zeilen. 96 S., brosch., 2003. ISBN 978-3-89086-682-6
Wunschkost. Roman. 120 S., brosch., 2004. ISBN 978-3-89086-658-1
Der Hund von Torcello. 32 Geschichten. 264 S., geb., 2007. ISBN 978-3-89086-571-3
Eine Sache wie die Liebe. Roman. 156 S., geb., 2008. ISBN 978-3-89086-543-0
Aufzeichnungen 2000–2007. 120 S., brosch., 2014. ISBN 978-3-89086-408-2
Vom Leben, Schreiben und Herausgeben. Hrsg. von Hans Georg Schwark und W. Hörner. 3 Abb., 112 S., geb., 2018. ISBN 978-3-89086-340-5
Rose Ausländer – Hans Bender. **Briefe und Dokumente 1958–1995.** 168 S., brosch., 2009. ISBN 978-3-89086-517-1
Hans Bender – Elias Canetti. **Briefwechsel 1963–1990.** Hrsg. von Hans Georg Schwark und W. Hörner. 6 Abb., 140 S., brosch., 2016. ISBN 978-3-89086-367-2
Hans Bender – Hermann Lenz. **Anfänge sind schön.** Briefwechsel 1953–1994. Hrsg. von Hans Georg Schwark und W. Hörner. 3 Abb., 168 S., Klappenbrosch., 2018. ISBN 978-3-89086-328-3
Einsame Weihnachten. Gedichte von Rose Ausländer, Hans Bender und Immanuel Weißglas. Hrsg. B. Albers. Klappenbrosch., 2016. ISBN 978-3-89086-383-2
Anfänge sind schön. Briefw. mit Hermann Lenz. 1953–1994. Hrsg. von Hans Georg Schwark und W. Hörner. 168 S., Klappenbrosch., 2018. ISBN 978-3-89086-328-3
Jahrgang 1919. Hans Bender · Horst Krüger · Michael Guttenbrunner. Eine Köpenickiade im Hause Zuckmayer. Hrsg. v. B. Albers, 2019. ISBN 978-3-89086-348-1
Der Junge, der Asta Nielsen sah. Zehn Geschichten. Hrsg. und Nachwort von Hans Georg Schwark. 104 S., Klappenbrosch., 2019. ISBN 978-3-89086-313-9

* * * * *

Bruderherz. Erzählungen. 144 S., 1987. *Hanser Verlag*
Postkarten aus Rom. Autobiographische Texte. 160 S., 1989. *Hanser Verlag*
Einer von Ihnen. Aufzeichnungen einiger Tage. 102 Seiten. 1979. *Hanser Verlag*
Wie die Linien meiner Hand. Aufzeichnungen. 130 Seiten, 1979. *Hanser Verlag*
Briefe 1955–1983. *Hans Bender – Rainer Brambach.* Mit einem Vorwort von Michael Zimmermann. Hrsg. von Hans Georg Schwark. 237 S., 1997. *Hase und Koehler Verlag*
Wie es kommen wird. Meine Vierzeiler. 80 S., 2009. *Hanser Verlag*
Auf meine Art. Gedichte in vier Zeilen. 112 S., 2012. *Hanser Verlag*

Bildnachweise

S. 2: Hans Georg Schwark
S. 12: CC-BY 2.5 Wolfgang Moroder
S. 18 und 20: Hildegard Pütz, Emmerich
S. 26: CC BY 3.0 ildirettore
S. 31: Peter Geymayer
S. 42: Hildegard Pütz, Emmerich
S. 44: CC BY 3.0 Sailko
S. 48: CC BY-SA 3.0 Dodo
S. 52: CC BY-SA 3.0 sailko
S. 54: Margriet Kroeze
S. 60: CC BY-SA 3.0 Combusken
S. 70: CC BY-SA 3.0 Fantasy
S. 83: Hans Georg Schwark
S. 93: CC BY-SA 2.0 Daryl Mitchell
S. 97: Walter Hörner
S. 98: CC BY 2.0 Phillip Capper
S. 107 und 113: Walter Hörner
S. 114, 116 und 118: Hans Georg Schwark
S. 120: Walter Hörner

Trotz gründlicher Recherche
konnten bei einigen Abbildungen
allfällige Rechteinhaber nicht ermittelt werden.
Wir sind bereit, ein entsprechendes Honorar zu erstatten.

Abbildungen auf dem Umschlag:
oben: Hans Bender © Isolde Ohlbaum.
unten: Castagneto Carducci: CC BY-SA 4.0 Paolo Monti, Servicio fotografico, 1965

Bibliografische Information der Deutschen Nationalbibliothek

Die Deutsche Nationalbibliothek verzeichnet diese Publikation
in der Deutschen Nationalbibliografie; detaillierte bibliografische
Daten sind im Internet über http://dnb.dnb.de abrufbar.

Wir danken der Rimbaud Verlagsgesellschaft mbH für
Abdruckgenehmigungen von Texten Hans Benders.

Alle Rechte vorbehalten.
Für diese Ausgabe
© 2022 Verlag der Buchhandlung Klaus Bittner, Köln
Gestaltung: Walter Hörner und Jürgen Kostka, Aachen
Herstellung: Beisner Druck, Buchholz
Printed in Germany
ISBN 978-3-926397-54-6
www.bittner–buch.de